AF290359

Langobarden einst in Zethlingen

Vom Kommen und Gehen – Leben und Sterben elbgermanischer Siedler in der Altmark vom 2. bis zum 4. Jahrhundert n. Chr.

Rosemarie Leineweber

© 2019 Rosemarie Leineweber

Satz, Layout: Rosemarie Leineweber
Umschlaggestaltung: Tobias Gembalski
Lektorat und Korrektorat: Wanderpult & Co.
Herausgeberin: Rosemarie Leineweber

Verlag und Druck: tredition GmbH, Halenreie 40-44, 22359 Hamburg

ISBN: 978-3-7482-5734-9 (Paperback)
ISBN: 978-3-7482-6289-5 (Hardcover)

Bibliografische Informationen der Deutschen Nationalbibliothek:
Die Deutsche Nationalbibliothek verzeichnet diese Publikation in der Deutschen Nationalbibliografie; detaillierte bibliografische Daten sind im Internet über http://dnb.d-nb.de abrufbar.

Inhalt

Vorab

Ausgrabungen gibt es in Zethlingen seit fast 200 Jahren und damit eine sehr große Zahl an Fundstücken. Hinzu kommen aber auch Hinterlassenschaften im Erdreich, die nicht geborgen, sondern nur dokumentiert werden können. Sie blieben durch Verfärbungen und unterschiedliche Beschaffenheit des Bodens bis heute konserviert. Dazu zählen ehemals in den Untergrund gegrabene Gruben von Häusern, Öfen, Pfostenstellungen oder Gräber. Gemeinsam mit den Funden repräsentieren sie ein archäologisches, durch wissenschaftliche Forschungen zu entschlüsselndes Bodenarchiv.

Unser Blick richtet sich auf das Geschehen vom 2. bis in das 4. Jahrhundert n. Chr. Archäologische und naturwissenschaftliche Auswertungen gestatten, eingebettet in überregionale Forschungsergebnisse zu den Stämmen des innergermanischen Barbaricums[1], das Leben und Sterben der ehemaligen Zethlinger in Teilen zu dechiffrieren.

Das Dorf Zethlingen liegt etwa in der Mitte der Altmark, der nördlichsten Region Sachsen-Anhalts.[2] Die erste urkundliche Erwähnung des Ortes datiert in das Jahr 1324 als Cethlinghe[3], weitere folgen ab dem 15. Jahrhundert.

Seit 1990 gibt es auf dem Zethlinger Mühlenberg unter dem Namen „Langobardenwerkstatt" ein archäologisches Freilichtgelände mit dörflichen Anlagen und die Möglichkeit, an vielen museumspädagogischen Aktionen, die sich an Ausgrabungsergebnissen orientieren, teilzunehmen.

Im Folgenden sollen jedoch der Fundstoff und seine Analysen von einst in Zethlingen berichten.

Die Fundstücke werden im Altmärkischen Museum Stendal, im Johann-Friedrich-Danneil-Museum Salzwedel, im Landesmuseum für Vorgeschichte in Halle (Saale) und in den Staatlichen Museen zu Berlin Preußischer Kulturbesitz aufbewahrt.

Als Einstieg[4]

Rund um Zethlingen

Die Altmark ist eine während des Eiszeitalters gebildete Landschaft, wenig reliefiert und nur an einigen Stellen durch relativ flache Endmoränen morphologisch[5] gegliedert.

1 - Zethlinger Mühlenberg am Südrand der Salzwedel-Winterfelder Hochfläche von Nordosten

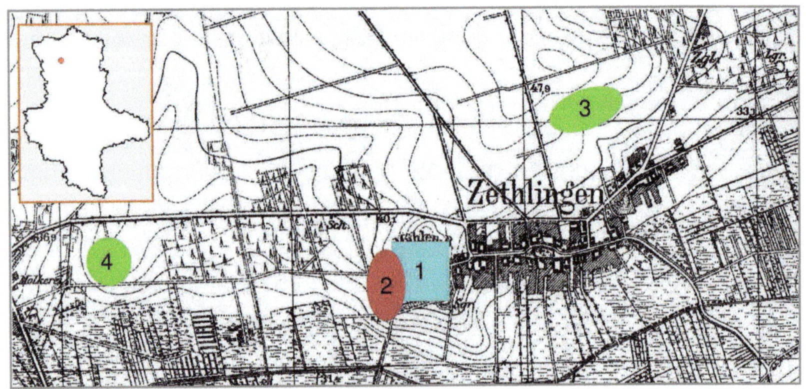

2 - spätkaiserzeitliche Siedlungszelle Zethlingen. 1 = Gräberfeld, 2 = Eisenverhüttungskomplex, 3 = Siedlung Zethlingen, 4 = Siedlung Cheinitz (Ausschnitt Topografische Karte M 1:25000 1680/3233 Groß Apenburg).

Die südlich Zethlingens liegenden Hellberge sind mit 160 m die höchste Erhebung. Während des Warthestadiums der Saalekaltzeit sowie des Brandenburger und Frankfurter Stadiums der Weichselkaltzeit sind die zahlreichen Hochflächen ausgebildet worden (so um Salzwedel-Winterfeld und der Kalbesche Werder).

Undurchlässige, lehmige Böden und stärkerer Gefällewechsel im Mittellauf der Ur-Milde, heute ein kleines Fließgewässer, führten zu großflächigem Überfluten des Niederungsgebietes und zur Entstehung von Mooren. Moränen- und Sanderschüttungen ließen auch die die südlich vorgelagerte sumpfige Mildeniederung deutlich überragende Anhöhe des Zethlinger Mühlenbergs (Abb. 1/74) entstehen.

Das Klima während der ersten nachchristlichen Jahrhunderte wird im Vergleich zu Mitteldeutschland als relativ feucht und kühl bezeichnet.[6] Für eine Besiedlung erscheinen daher außer den Hanglagen am Rande der Hochflächen und der hügeligen Moränenlandschaft besonders die hochwasserfreien Niederungsterrassen entlang größerer und kleinerer Wasserläufe geeignet.

Der Zethlinger Endmoränenhügel setzt sich aus Sand, sandigem Kies und kleinen wie auch größeren Geröllen bzw. Geschieben[7] zusammen. Aufgrund dieses Magerbodens bildete sich darauf ein Trockenheidebiotop aus. In den 1970er Jahren siedelte sich in der Steilwand der Kiesgrube eine Uferschwalbenkolonie an. Dies waren gute Gründe, den Berg unter Naturschutz zu stellen. Dennoch ermöglichte die Naturschutzbehörde zeitlich abgestimmte archäologische Untersuchungen unter der Auflage, stets nur kleine, kurzzeitig zu untersuchende Flächen (Plana[8] von ca. 10 m^2) zu öffnen und danach den ursprünglichen Bodenaufbau samt Sodenabdeckung wieder herzustellen.

Zethlingen - ein Glücksfall für die altmärkische Archäologie
Westlich des Dorfes erhebt sich bis auf 50,5 m der Mühlenberg, eine die Aue deutlich überragende Anhöhe, benannt nach einer allerdings seit 1928 nicht mehr existierenden Windmühle. Er diente ab der Mitte des 2. bis in das 4. nachchristliche Jahrhundert als Begräbnisstätte der umliegenden Siedlungen, in seinem windbevorzugten Westteil zudem im 4. Jahrhundert als Verhüttungsplatz zur Eisenerzeugung. Eine dieser dörflichen Niederlassungen wurde nordöstlich des heutigen Dorfes gegründet, eine weitere etwas entfernter westlich des Mühlenberges. Diese Epoche (spätes

2. – 4. Jahrhundert n. Chr.) bezeichnet die Archäologie als spätrömische Kaiserzeit.[9]

Die Standortwahl für die Ansiedlungen fiel seinerzeit auf einen von der Hochfläche nach Süden zur Niederung leicht abfallenden Hang, geschützt vor Staunässe und Überflutung. Mit dem auf dem Mühlenberg angelegten Friedhof, auf dem ausschließlich brandbestattet wurde, und dem Verhüttungsareal, bilden die vier Fundplätze für diese Jahrhunderte eine germanische Siedlungskammer in bislang für die Altmark einzigartiger Geschlossenheit (Abb. 2).

Die Entdeckung der Fundplätze und ihre archäologische Untersuchung

Seit mindestens 300 Jahren sind die Grabfunde bekannt. So berichtet der Pastor Friedrich Immanuel Borgenrot[10] 1741 an B. L. Bekmann Folgendes: *„Aus Zethling – Todten Töpfe hab auch selbst, etwa 3, gefunden mit einigen reliquiis verbrannter Leute, die Näpfe sind mehrentheils geborsten gefunden“*.[11] Dies geschah beim Graben nach Kies auf und am Mühlenberg.

Schon zuvor beim Bau der Mühle müssen viele Gräber zerstört worden sein. Denn auf der Bergkuppe hatte man ein Plateau angelegt und darin vier große, noch heute vorhandene Geschiebe als Sockelsteine eingegraben. Eine Mühle wird vor 1449 erwähnt. Ob sie bereits oben auf dem nach ihr benannten Berg stand, ist nicht bekannt. Von einer Windmühle ist erst 1593 die Rede.[12]

Im Jahre 1836 beschreibt Johann Friedrich Danneil (1783 - 1868) in seinem „Generalbericht über Aufgrabungen in der Umgebung von Salzwedel“[13] die Lage des Gräberfeldes mit seinen Gräbern und Funden (Abb. 3). Der Zethlinger Pastor Traugott Otto Radlach (1853-1927)[14] hinterlässt in einem Kirchenbucheintrag 1895 außer der Bezeichnung ‚Heidenfriedhof‘ für den Mühlenberg weitere Informationen zum Geschehen rund um das Gräberfeld. *„Der alte Heidenfriedhof war auf und um den Mühlenberg. Hier wurden die Toten verbrannt. In diesem Jahr wie in den früheren sind wieder viele Urnen mit Knochenresten, bronzenen und silbernen Nadeln usw. ausgegraben worden.“* Er verweist Jahre später auf viele durch Anwohner durch Ackern, beim Kies- und Steineholen zerstörte Gräber: *„Der Ackermann und Kirchenälteste W. Albrecht pflügte im December auf seinem Ackerplan südwestlich vom Mühlenberg in diesem Jahr besonders tief, um Steine zu gewinnen zur Pflasterung seines Hofs.*

Zahlreiche Urnen- und Knochenreste auch zwei alte Brandstätten kamen dabei zum Vorschein. Die meisten Urnen wurden durch den Pflug zerbrochen, einige enthielten bronzene Fibeln.

Ich schreibe das hier nieder, weil später Niemand mehr so viele Scherben von den Bewohnern in unmittelbarer Nähe des Dorfes finden wird. Silber wurde in meiner Zeit nur in den Urnen oben auf der Höhe des Mühlenberges gefunden. ..."[15] Soweit der Zethlinger Pastor Radlach am Ende des vorvorigen Jahrhunderts.

3 - Johann Friedrich Danneil.
4 - Julius Müller (sitzend) mit seinem Bruder Carl.

Gegen Ende des 19. Jahrhunderts folgten weitere Untersuchungen: so 1896 und 1900 durch Gymnasialprofessor[16] Karl Gaedcke (1853 - 1927) aus Salzwedel (Abb. 5) mit dem Altmärkischen Verein für vaterländische Geschichte[17] (Abb. 6), 1899 durch Dr. Alfred Götze (1865-1948), Prähistorische Abteilung des Königlich Preußischen Museums für Völkerkunde[18] zu Berlin und zugleich erster promovierter Prähistoriker des Deutschen Reiches, und Pastor T. O. Radlach, Zethlingen, ferner im Jahr 1900 durch Superintendent Karl Julius Ludwig Müller (1839-1922) aus Kalbe/M. (Abb. 4).

Der Urnenfriedhof war zu Teilen am Beginn des 20. Jh. bereits gehoben, aber dessen Funde den Gepflogenheiten der Zeit entsprechend nur selten in die gerade erst im Entstehen begriffenen einheimischen Museen und Sammlungen gelangt.

5 - Karl Gaedcke.

6 – Mitglieder des Altmärkischen Vereins für vaterländische Geschichte zu Salzwedel auf der Grabung Zethlingen, Mühlenberg, geleitet vom Gymnasialprofessor Karl Gaedcke im Juli 1900.

Von den bis zum Ersten Weltkrieg erfassten Grabfunden kamen zwar knapp 2/3 in die Vereinssammlung des Altmärkischen Vereins für vaterländische Geschichte nach Salzwedel bzw. in das Altmärkische Museum Stendal und 10% in das damalige Königlich Preußische Museum

Berlin. Doch gelten 25 % als verschollen, da sie in keiner Sammlung zu finden sind.

Ein Beispiel dafür: Eintragung am 5.7.1900 im Wandertagebuch VI des Salzwedeler Gymnasialprofessors Karl Gaedcke u. a.: *„Nr. 8, unterer Teil einer größeren Urne, 35 cm tief, der obere Teil schon verschwunden. Der untere nicht des Mitnehmens wert"*, am 6. 7. 1900 *„Nr. 18, Unterteil einer Terrine mit gerieftem Bauch, ganz zerbrochen, nicht mitnehmbar"* oder verschiedentlich *„schon ausgeraubt"*.[19] Noch bis ins vergangene Jahrhundert hinein war es nicht unüblich, die Scheiterhaufenreste der verbrannten Toten, den Leichenbrand, am Fundort aus den Gefäßen zu entleeren, nach brauchbarem Inventar zu durchsuchen und den Rest vor Ort zu belassen.

Es folgten zahlreiche kleine Untersuchungen, doch gingen v. a. durch den Kiesabbau unzählige Grabkomplexe verloren.[20]

7 - Paul Ludwig Bernhard Kupka 8 - Freidank Kuchenbuch

Paul Ludwig Bernhard Kupka beschäftigte sich im Jahr 1910 als Erster intensiver mit dem Zethlinger Fibelmaterial (Abb. 7).[21]

In seiner 1938 erschienenen Dissertation „Die altmärkisch-osthannöverschen Schalenurnenfelder der spätrömischen Zeit" fasste Freidank

Kuchenbuch (1910-1942) erstmals auswertend den damals bekannten Zethlinger Fundstoff zusammen (Abb. 8). In jener Untersuchung des Materials der Altmark und des nord- und nordwestlich angrenzenden niedersächsischen Gebietes stellte er die Gesamtregion als kulturell einheitlich dar und bezeichnete deren Bevölkerung als Langobarden[22].

Mitte der 1950er Jahre benötigte vor allem die Erdgasförderung zum Ausbau der Infrastruktur ihres altmärkischen Anlagennetzes große Mengen Sand und Kies. Nicht zu vergessen ist der lokale Bedarf. Am Mühlenberg begann intensiver Abbau. Die damit einhergehende Zerstörung der Brandgräber rief die damalige Bodendenkmalpflegerin[23] Christa Maria Herper (†) aus Kalbe/M. (Abb. 9) auf den Plan. Durch deren Vermittlung kam es zwischen 1958 und 1976 zu einer Lehrgrabung der Martin-Luther-Universität Halle-Wittenberg unter Leitung von Dr. Klaus Nuglisch (Abb. 10)[24], zuletzt Rosemarie Worbs. Diese archäologischen Untersuchungen konzentrierten sich v. a. auf das Vorfeld der Abbaukante, weiteten sich aber bereits in die Fläche aus. Ein Vergleich beider Ausschnitte der Topografischen Karte M 1:25.000 (TK 25) (1902 und 2018; Abb. 11 a/b) verdeutlicht den Abbaufortschritt am Verlauf der Kiesgrubenkante.

9 - Christa Maria Herper, hier 1965 mit Ernst Niemann (Johann-Friedrich-Danneil-Museum Salzwedel) in Stendal auf einer Veranstaltung des Kulturbunds der DDR
10 - Dr. Klaus Nuglisch

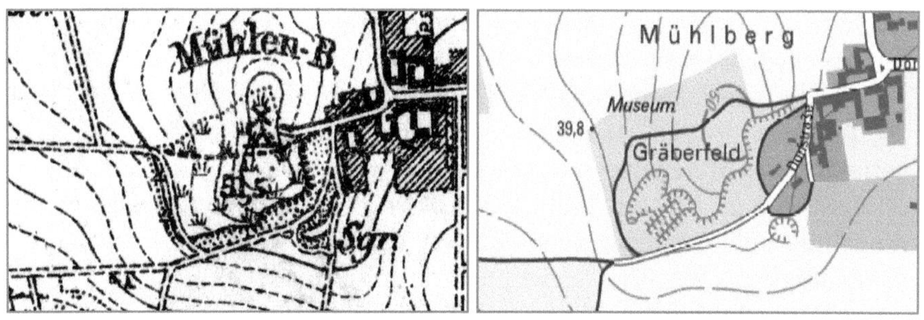

**11 a - Ausschnitte Topografische Karte 3233 Apenburg 1902 (TK 25);
b – aktueller Ausschnitt (TK10) mit Verlauf der Kiesgrubenkanten am Zethlinger Mühlenberg**

Daraufhin erfolgte 1979 die Unterschutzstellung des Fundplatzes als archäologisches Bodendenkmal durch das damalige Landesmuseum für Vorgeschichte in Halle (Saale).

Zwischen 1978 und 1998 erfuhren die Ausgrabungen in der Feldmark Zethlingen unter Leitung der Autorin, zuerst vom Altmärkischen Museum in Stendal aus, später vom Johann-Friedrich-Danneil-Museum Salzwedel und zuletzt vom Landesamt für Denkmalpflege und Archäologie Sachsen-Anhalt in Halle (Saale) (LDA) eine Fortsetzung.[25]

Die Grabungen während der Zeit der DDR wurden erst durch den Einsatz ehrenamtlicher Beauftragter (damals Bodendenkmalpfleger)[26], die Mitarbeit von Schülerarbeitsgemeinschaften im Rahmen von Spezialistenlagern „Junge Archäologen"[27] (Abb. 12), Arbeitseinsätze von Schülern[28] und ab 1986 studentische Praktika der damaligen Pädagogischen Hochschule Magdeburg sowie freiwillige Helfer möglich.[29]

Zwischen 2000 und 2007 übernahm Lothar Mittag, Grabungstechniker (FH) des Johann-Friedrich-Danneil-Museums in Salzwedel, das Fortsetzen der Ausgrabungen auf dem Brandgräberfeld. Mit den inzwischen etwa 1900 erfassten Brandgräbern ist der Friedhof auf dem Mühlenberg der größte seiner Art in der Altmark.[30]

In einem Erdgasleitungsgraben, der die Feldmark Zethlingen 450 m nördlich des Dorfes im Jahre 1979 von West nach Ost durchschnitt, fand der Bodendenkmalpfleger Bernd Leineweber gemeinsam mit Josef Leineweber aus Klötze Hausgruben-, Pfosten- und weitere Verfärbungen sowie Scherben und Tierknochenmaterial einer Ansiedlung, die ebenso in die spätrömische Kaiserzeit datierten. Erste archäologische Untersuchungen folgten ein Jahr später.[31]

Um die Ausdehnung des Siedlungsplatzes zu erfassen, kam 1985 mit Dr. Jochen Görsdorf, Akademie der Wissenschaften zu Berlin, ein Magnetfeldstärkedifferenzmesser[32] – umgangssprachlich Förstersonde – erfolgreich zum Einsatz (Abb. 13). Zählen heute geomagnetische, zerstörungsfreie Felduntersuchungen zum standardisierten Instrumentarium der Archäologie, galten sie seinerzeit dort noch als ungewöhnlich.

1992 setzte Lothar Mittag die Untersuchungen auf der Siedlungsfundstelle im Rahmen seiner Abschlussarbeit zum Grabungstechniker fort. Bislang konnten fünf Häuser, ein Schmiedeplatz, mehrere Gruben und Feuerstellen verortet werden.

Eine weitere Ansiedlung der gleichen Zeitstellung lag westlich von Zethlingen in der Feldmark Cheinitz, östlich der Ortslage und der B 71 (Abb. 2, Nr. 4). Die abermals in einem Leitungsgraben entdeckten Befunde bestanden aus einem Haus, Feuerstellen und Gruben. Ob eine 1987 im Nordteil der Ortslage Kakerbeck (3,5 km südlich des Mühlenberges) aufgefundene gleichzeitige Siedlung ebenfalls im Einzugsbereich des Zethlinger Friedhofs lag, kann aufgrund der dazwischen liegenden, Wasser führenden und einst moorigen Niederung nicht beantwortet werden.

Die Untersuchungen am 1980 von Friedemann Kirsch (Arneburg) entdeckten Fundplatz des Eisenverhüttungskomplexes an der Abbaukante der neuen Kiesgrube im Südwesten des Mühlenberges lieferten bis 1994 zahlreiche Erkenntnisse. Auch hier erfasste die geomagnetische Erkundung weitere Verhüttungsbefunde. Übereinstimmend mit den anderen Fundstellen wird die Tätigkeit der Metallurgen auf die Zeit um die Wende vom 3. zum 4. und in das 4. Jahrhundert datiert. Dokumentiert wurden 12 Rennfeueröfen, dazu Erzlager, Erzröst- und Meilergruben, Ausheizherde und Schutzbauten.[33]

Archäologen vor Ort

Informationen zu Siedlungen, Gräberfeldern oder Produktionsstätten, Handelsplätzen, Befestigungen usw. gewinnt der Archäologe durch Auswertung der Grabungsdaten und deren Interpretation. Bei den Ausgrabungen sind Veränderungen der natürlichen Bodenstruktur, die durch menschliche Erdeingriffe hervorgerufen wurden, als archäologische Befunde bezeichnet, von Bedeutung, wie Art des Erdreichs, Verfärbung,

Schichtung, Überschneidung, zeitliche Abfolge etc. Bei den Brandgräbern sind es beispielsweise die Grabgrube, in die das Urnenbehältnis gesetzt wurde (Abb. 14), und die Position des Steinschutzes oder in anderen Fällen ein vollständig verrotteter Hauspfosten, der im Boden zurückblieb, beziehungsweise ein Laufhorizont als graues Band, die ehemalige Erdoberfläche, in die nacheinander mehrere Gruben eingetieft wurden.

12 a – Mitglieder der Schüler-Arbeitsgemeinschaft aus Stendal 1978 beim Einmessen und Zeichnen des Steinschutzes der Gräber und b - der Schüler-Arbeitsgemeinschaft Salzwedel 1984 beim Ausgraben

13 - Dr. J. Görsdorf (links) und F. Kirsch mit dem Magnetfeldstärkedifferenzmesser vor dem georteten Rennofen 5

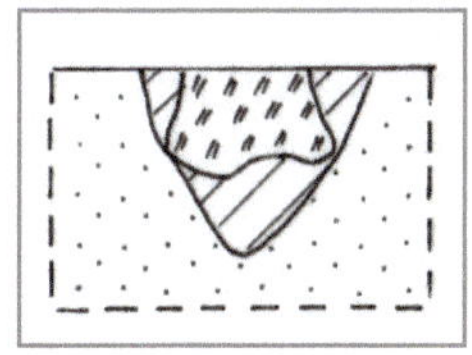

14 – Befundzeichnung einer dunklen, spitzen Grabgrube im Sand ohne Steinschutz mit beutelförmigem, organischem, verrottetem Behältnis, darin der Leichenbrand

Nach dem Freilegen werden diese Befunde eingemessen, in mehreren Ebenen (Plana/Profile) geschnitten, alles fotografisch, maßstäblich zeichnerisch und in Textform, einschließlich der Position der darin enthaltenen Fundstücke dokumentiert.

Dies ist als Grundlage für die wissenschaftliche Bearbeitung und Auswertung unumgänglich, da der eigentliche Befund durch eine Ausgrabung selbst immer zerstört wird. Alle Befunde werden abschließend in einen Gesamtplan übertragen. Die Dokumentation dient im Nachhinein der Rekonstruierbarkeit dieser nicht zu bergenden Objekte und damit der Entschlüsselung des einstigen Geschehens. Anders verhält es sich bei den archäologischen Funden.

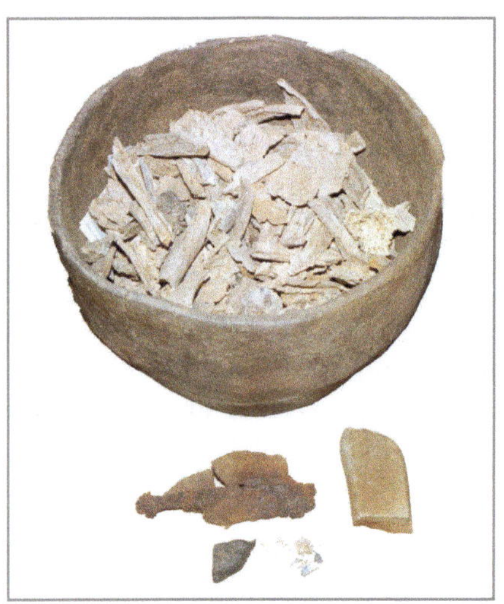
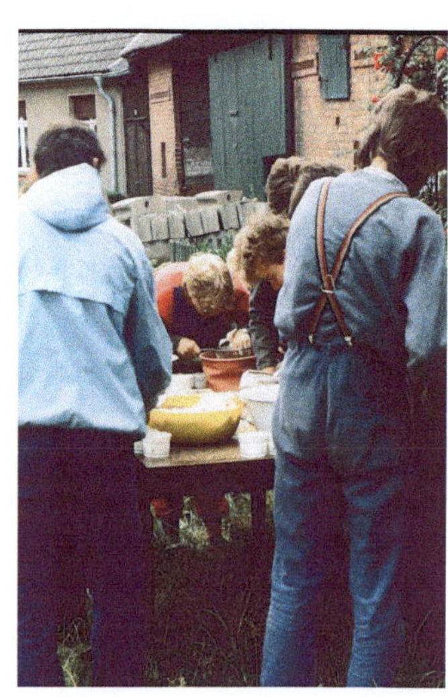

15 – Keramikgefäß als Urne, darin der Leichenbrand der verstorbenen Person, davor links oben gerades Messer und Sichelmesser aus Eisen und unrestauriert, rechts Wetzsteinfragment, davor links Urnenharz, daneben Fragmente eines Knochenkamms
16 - Studierende der Universität Magdeburg mit L. Mittag beim Ausnehmen der Urnen vor dem Grabungsstützpunkt in Zethlingen

Ausgrabungen 2.0: im Museum und im Labor

Brandgräber beinhalten in der Regel als Funde den Leichenbrand, die Skelettteile der eingeäscherten verstorbenen Person, deren Schmuck und mit ins Grab gegebenes Inventar sowie das Grabbehältnis (Abb. 15).

Die Fundaufarbeitung und deren Dokumentation, einschließlich der Erfassung aller Befunde und Funde in Katalogform, sind ein weiterer wesentlicher Bestandteil der wissenschaftlichen Auswertung, langwierig und für Laien unspektakulär. Erst durch diese Arbeiten werden die Funde ‚zum Sprechen' gebracht und einem breiten Kreis an Wissenschaftlern für weitergehende wie auch vergleichende Forschungen zur Verfügung gestellt.

Auch die Bearbeitung der Funde (Ausnehmen der Urnen, Auslesen des Leichenbrandes, Waschen der Scherben, Kleben der Keramik) geschah mit Hilfe von Mitgliedern der Schülerarbeitsgemeinschaften aus Stendal und Salzwedel sowie Studierenden der Universität Magdeburg (Abb. 16).[34] Darüber hinaus beförderten die damaligen Kolleginnen und Kollegen der Museen Stendal, Salzwedel und die der Restaurierungswerkstatt des Landesamtes für Denkmalpflege und Archäologie Sachsen-Anhalt (LDA) in Halle (Saale) die Fundaufbereitung, die Restaurierungsarbeiten und die Inventarisation.

Die Restaurierungswerkstatt des LDA nahm sich außergewöhnlicher Metallfunde einschließlich der Röntgenaufnahmen an und steuerte so neue Erkenntnisse bei. Spezialaufnahmen im Fotoatelier wie auch genaue wissenschaftliche Zeichnungen der Fundgegenstände und Befunde wurden zu Bestandteilen der archäologischen Dokumentation der Zethlinger Fundplätze (Abb. 17).

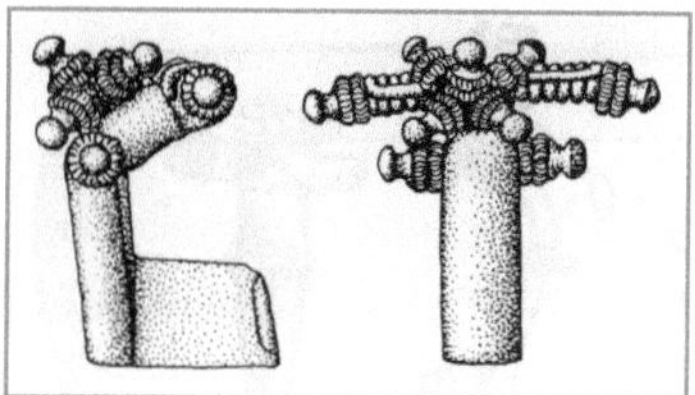

17 a – **schwarzglänzende Schale mit Rädchendekor; b** – ‚Zethlinger' Fibel **aus Bronze** (Gewandspange; Nadel fehlt)

Parallel zu diesen Arbeiten erfolgt die interdisziplinäre Auswertung. Der Archäologe bestimmt, vermisst und beschreibt den Fundstoff, Wissenschaftler anderer Fachdisziplinen wie Anthropologie, Archäobotanik, Archäozoologie,[35] Metallurgie, Material- und Werkstoffkunde usw. fügen ihre Erkenntnisse anhand ihrer speziellen Untersuchungsmethodik am Fundobjekt hinzu.

Bei der Interpretation der Zethlinger Ausgrabungsergebnisse ist es unumgänglich, Schnittmengen zu den Erkenntnissen zeitgleicher regionaler Fundstellen herzustellen.[36]

Mittlerweile ging der Zethlinger Fundstoff in mehrere an Universitäten eingereichte Arbeiten aber auch in internationale Forschungsprojekte ein, so z. B. in den „Corpus der römischen Funde im europäischen Barbaricum" oder in das von der VW-Stiftung geförderte Projekt „Archäometallurgie römischer und germanischer Bunt- und Edelmetallfunde".

Seit den 1990er Jahren ergänzen Schlussfolgerungen aus der experimentellen Archäologie bisherige Aussagen. So entsteht im Vergleich zu anderen erforschten Fundplätzen - trotz so mancher Lücke - ein differenziertes Gesamtbild der Situation rund um den Mühlenberg in den ersten Jahrhunderten n. Chr.[37]

Archäologische Experimente zu Funden und Befunden aus Zethlingen

Seit einigen Jahrzehnten etablierte sich die experimentelle Archäologie als archäologische Forschungsmethode mit den Zweigen wissenschaftliche Rekonstruktionen, Experimente und Archäotechnik. Ausgangpunkt sind dabei stets Fragen zu einem konkreten archäologischen Fund oder Befund, zu Funktion oder zu Herstellung, Aufbau bzw. zum Ergebnis von Prozessen. Experimente dienen der Klärung einer wissenschaftlichen Fragestellung, indem die Hypothesen unter mess- und nachvollziehbaren Bedingungen geprüft werden. Den Beweis, dass es nur so gewesen sein muss, kann die experimentelle Archäologie nicht erbringen. Sie zeigt jedoch Lösungsvarianten auf oder schließt andere Möglichkeiten aus und erweitert so durch ihre praktisch gewonnenen Ergebnisse die theoretischen Kenntnisse für viele Lebensbereiche und Alltagstechniken des ur- und frühgeschichtlichen Menschen.

Beispiele aus den Bereichen Hausbau, Kammmacherei (Abb. 18), Erzeugung und Verarbeitung von Eisen (Abb. 55-58), Brennen von Keramik und Keramikdekor (Abb. 29, 32), Kalkbrennen (Abb. 36), Tracht (Abb. 45/46) und Totenritual (Abb. 80-82) zeigen im Fall Zethlingen außer der Methodik auch den Erkenntnisgewinn.[38]

20

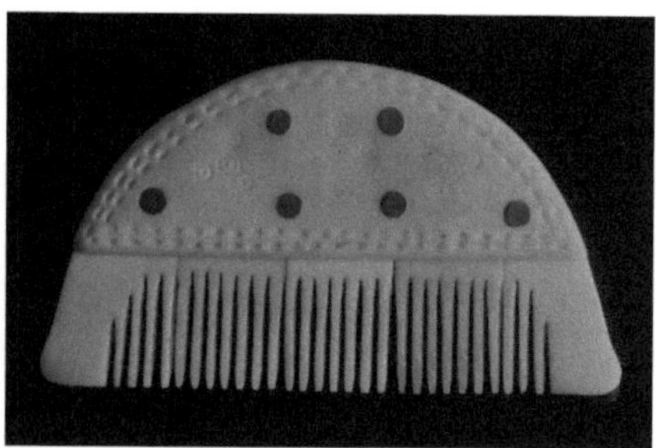

18 - Knochen- bzw. Geweihkamm. Archäologischer Fund aus einem Brandgrab und funktionstüchtige, dreilagige Kamm-Rekonstruktion, hergestellt von Diplomrestaurator Ulrich Sieblist, Questenberg: a – Fragmente eines Dreilagenkamms aus Mittelplattenelementen mit Zähnen und je 2 dekorierten Deckplatten, zusammengehalten von Bronzenieten. b – Rekonstruktion des Dreilagenkamms

Den Rahmen aller Experimente und Rekonstruktionen bildet die interdisziplinäre Zusammenarbeit zwischen der Archäologie und anderen Sparten, so mit Vertretern des Handwerks, der Industrie, des Ingenieurwesens und der naturwissenschaftlichen Forschung, z. B. Zimmermann und Statiker, Restaurator bzw. Metallurge, Materialkundler und Schmied sowie Anthropologe, Archäozoologe, Archäobotaniker und Rechtsmediziner. Diese praxisorientierte Vorgehensweise profitiert von den aktuellen Berufserfahrungen und erspart außerdem zumindest einige Fehlversuche, denn experimentelle Archäologie ist zumeist zeit- wie materialaufwändig und i. d. R. außerdem teuer.

Vom Alltag der Familien in den Dörfern am Mühlenberg

Angekommen

Etwa seit Christi Geburt war die westliche Altmark weitgehend entvölkert. Im Zusammenhang mit den Markomannenkriegen (166-180 n. Chr.)[39] an der Donau gegen Kaiser Marc Aurel[40] und seine Truppen kam es auch bis in weit entfernte Gebiete zu Bevölkerungsbewegungen. Sie führten in der 2. Hälfte des 2. nachchristlichen Jahrhunderts zur Aufsiedlung unbewohnter Regionen durch Kolonisten aus dem Niederelberaum, die sich im Gebiet des Wendlands und des altmärkischen Nordwestens niederließen. Seitens der Archäologie werden sie den Elbgermanen zugerechnet.[41]

Damals dürfte hier entsprechend bodenkundlicher Analysen eine Bewaldung aus weiträumigen, lichtarmen Eichen-Buchen-Kiefern-Beständen mit einem höheren Anteil an Birken und Erlen in den Bruchwäldern der Flußauen, Moore und Niederungen bestanden haben. Die Anlage von Siedlungen (Hausbau, holzverarbeitende Gewerke, häusliche Feuerstellen) und Produktionsstätten, aber auch die Brandbestattung führten durch Rohdung und vermehrte Holzentnahme zur Auflichtung der Wälder im siedlungsnahen Bereich. Die regenerationsfähigeren Hölzer Eiche, Weide, Hasel und Linde, durch Kopf- und Stockholz zur Niederwaldnutzung in Nähe der Siedlungen geeignet, verdrängten die langsamer nachwachsenden Buchen immer mehr. Besonders die Eisenmetallurgie wird sich wegen ihres Energiebedarfs und der damit verbundenen Holzköhlerei mindernd auf die Entwicklung der Buchenbestände ausgewirkt haben.[42]

Bei der Anlage der Dörfer wurden die Süd- und Südosthänge, seltener die Westhänge flacher Erhebungen, der Talsandinseln oder hochwasserfreier Uferterrassen bevorzugt, d. h. wasserdurchlässige Böden in Gewässernähe und mit Weidemöglichkeiten.

Der etwa am Ende des ersten nachchristlichen Jahrhunderts durch eine Klimaverschlechterung einsetzende Meeresspiegelanstieg mit Rückstau der Flüsse blieb auch für die elbwärts verlaufenden Gewässer nicht ohne Folgen. Geringere Fließgeschwindigkeit führte im Verein mit erhöhten Niederschlägen zur Vernässung der Talauen. In den Flussniederungen der jetzt stärker mäandrierenden Wasserläufe (hier der Milde) folgte die Bildung von Altarmen mit anschließender erneuter Entstehung von Flachmooren. Röhricht im Verlandungsbereich der Altarme, Sümpfe, Morast und Bruchwälder bildeten eine unwegsame Flusslandschaft und stellten Kommunikationshindernisse dar.[43]

Viele Wege führten nach Zethlingen

Vermutlich kamen die Siedler, wie schon beschrieben, entlang des Elblaufs und weiter flussaufwärts der kleinen, in die Elbe entwässernden Flüsse, d. h. aus dem heute als Wendland bezeichneten Gebiet.

Die gegenwärtige Unkenntnis des damaligen Wegesystems und der Furten über die südlich Zethlingens in West-Ost-Richtung verlaufende Niederung liegt vor allem an den intensivierten Meliorationsarbeiten mit einhergehender Grundwasserabsenkung nach dem Zweiten Weltkrieg. Dies verdeutlichen Untersuchungen mit einem auf Moorwegeforschung spezialisierten Experten aus Oldenburg.[44] Die bis auf 3-5 cm zusammengefallene Moor- und Torfschicht lässt das Auffinden einstiger Holzbauten nicht mehr zu. Folglich sind Knüppeldämme und Bohlenstege innerhalb der Niederungen und Moore sowie Überbrückungen des Wasserlaufs nicht bekannt.

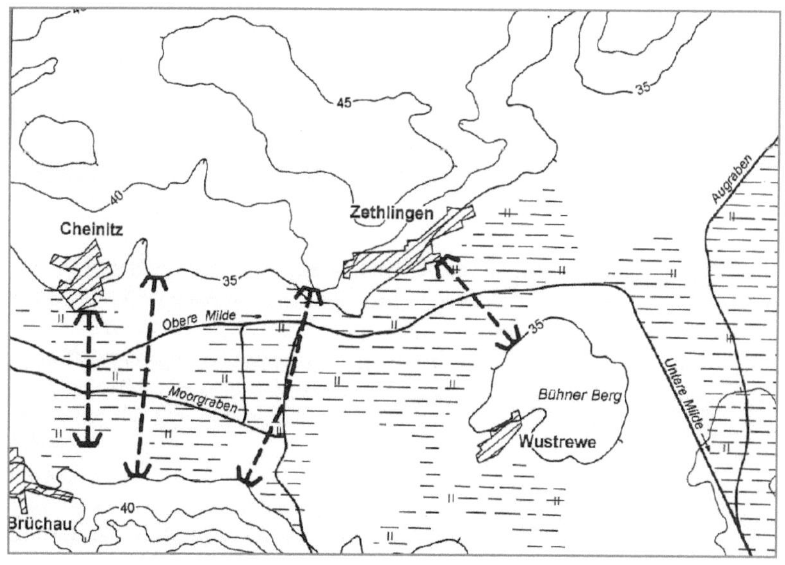

19 - vermutete Moorwege in der Umgebung von Zethlingen

Voruntersuchungen anhand der naturräumlichen Gegebenheiten des Raumes Zethlingen zeigen dennoch Anhaltspunkte für den Verlauf solcher Passagen[45], sind aber archäologisch bisher nicht zu bestätigen (Abb. 19). Kontakte, Austausch und Handel konnten jedoch ohne Verbindungswege nicht funktionieren.

Die Dorfbewohner

Kenntnisse über die Bewohner, ihre Statur, Gesundheit oder ihre Lebenserwartung sowie die Bevölkerungsentwicklung verdanken wir der Auswertung des Knochenmaterials der eingeäscherten Toten, d. h. hier der Leichenbrandanalyse von Brandgräbern. Diese Skelettreste sind im Gegensatz zu denen aus Körpergräbern weniger aussagefähig, da die Kremation das Knochengewebe erheblich veränderte und die Knochen teils kleinstückig zerstörte. Dennoch gelingt es in den meisten Fällen, eine Altersbestimmung vorzunehmen. Schwieriger ist die Geschlechtszuweisung, da mitunter signifikante Skelettteile nicht mehr vorhanden sind. Daher ist die Bezeichnung ‚eher weiblich' bzw. ‚eher männlich' üblich.

Nach anthropologischer Auswertung einer zahlenmäßig repräsentativen Teilserie von etwa 490 Leichenbränden des Gräberfeldes Zethlingen erreichten knapp 20% der Bevölkerung nicht das Erwachsenenalter. Im Vergleich zu anderen spätkaiserzeitlichen Friedhöfen fällt deren Zahl ungewöhnlich niedrig aus. Da von einer wesentlich höheren Sterblichkeit im Kleinkindalter auszugehen ist, kann es sich hinsichtlich des untersuchten Bevölkerungsausschnitts entweder um eine in der Zusammensetzung doch unvollständige Serie handeln oder der Verbleib der Kinderbestattungen ist anderenorts zu vermuten.[46] Denn auf vielen Gräberfeldern stellen offenbar nicht die fehlenden, sondern die vorhandenen Säuglings- und Kinderbestattungen die Ausnahme dar.[47] Nur etwa 5% der Menschen wurden älter als 60 Jahre (Abb. 20/21).

Die recht derbknochige Bevölkerung hatte im Vergleich zu heute eine relativ geringe Körperhöhe: Männer wurden zwischen 1,58 und 1,66 m und Frauen zwischen 1,50 und 1,55 m groß. Die Unterschiede in der Statur der Geschlechter traten stärker als gegenwärtig hervor. Männer waren eher robust, Frauen dagegen grazil.

Wie nicht anders zu erwarten, nahm die Krankheitsbelastung mit steigendem Alter zu, die sich insbesondere in Spondylose und Arthritis[48] äußerte. Probleme am Kauapparat (Karies, Entzündungen, Zahnverlust, Stellungsanomalien) traten bereits bei jüngeren Personen auf.

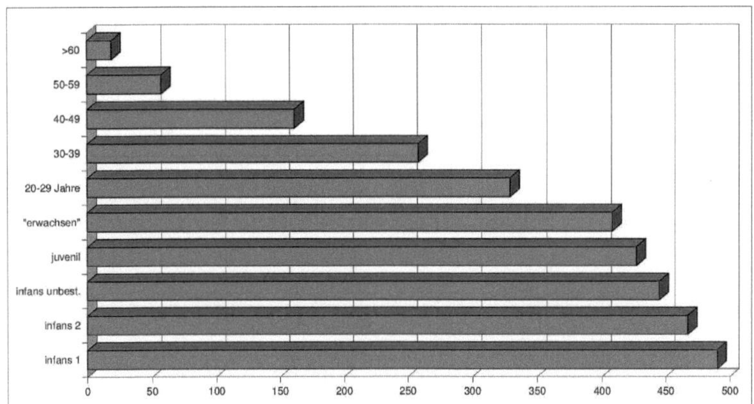

**20 a - Lebenserwartung der Zethlinger Siedler: die Balken zeigen die Perso-
nenzahl der jeweilig erreichten Lebensalter** (infans 1 = 0-6 Jahre; Infans 2 = 7-
14 Jahre; juvenil = 14-20 Jahre)
b - Sterblichkeit anhand der Zethlinger Leichenbranduntersuchungen

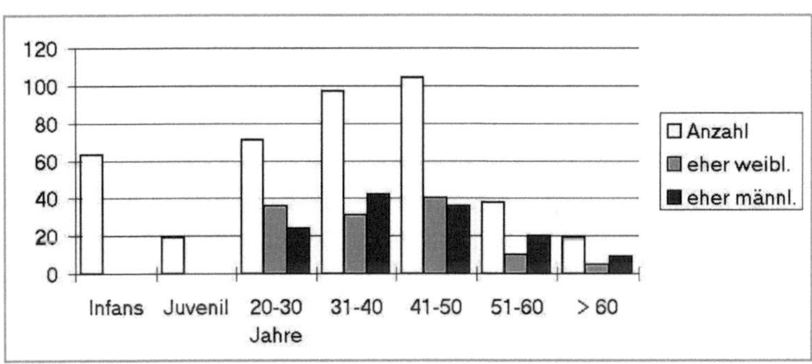

Bei den Erwachsenen war die Lebenserwartung beider Geschlechter
mit Ausnahme des frühen Erwachsenenalters in allen anderen Alterspha-
sen nahezu ausgeglichen. Die höhere Sterberate der Frauen zwischen dem
20. und dem 30. Lebensjahr gilt vermutlich als Indiz eines damals späten
durchschnittlichen Heiratsalters der Frauen und damit einhergehenden
Komplikationen im Zusammenhang mit Geburten.

So genanntes Urnenharz, eine ursprünglich knetbare Substanz aus Birkenpech, auch eine Art Klebstoff, blieb in vielen Gräbern erhalten. Darauf
überlieferten sich mitunter Fingerabdrücke der Papillarleisten oder Zahn-
abdrücke.

21 – Urnenharzstück mit Zahnabdrücken auf beiden Seiten (Gegenbiss)

Wie viele Menschen zeitgleich im Dorf lebten und wie groß die sicher aus zwei bis drei Generationen bestehenden Familien waren, wissen wir nicht.

Die für alle Personen errechnete durchschnittlich relativ hohe Lebenserwartung (um 40 Jahre) führte anfangs zwangsläufig zu einem Anstieg der Bevölkerung, ein Anzeichen für eine ökonomisch und demografisch gesicherte Gemeinschaft. Dies trifft v. a. auf die Jahrzehnte der Kolonisation und die Konsolidierungsphase zu. Stabile Geburtenzahlen und dank ausreichender Ernährung gute Überlebenschancen werden in der Folgezeit andererseits nach einem Bevölkerungsanstieg eine Überbevölkerung nach sich gezogen haben, worauf es zu Versorgungsengpässen der vielen Menschen, also einer Ernährungskrise kam.[49] Abwanderungen junger Leute, etwa der Zweitgeborenen, waren die Folge.

Unter Dach und Fach

Neben weilerartigen Dörfern gab es auch Einzelgehöfte.

Die Familien bewohnten ebenerdige Wohnhäuser in Pfostenbauweise. Je nach Typ und Größe des Gebäudes lebte das Vieh separat oder in einem Stallteil mit im Haus, ähnlich den uns bekannten Wohnstallhäusern. Zu den Gehöften gehörten als Neben- oder Wirtschafts- bzw. Kellergebäude gestelzte Speicher und Grubenhäuser mit und ohne Feuerstelle. Die Wohnstallhäuser beherbergten Mensch, Vieh und wohl auch einen Teil der Vorräte unter einem Dach; die Speicher besaßen häufig Bodenfreiheit – sie waren gestelzt – um Nager von den Vorräten fernzuhalten.[50]

Im Siedlungsbereich lagen Brunnen (Abb. 22), Vorratsgruben, Öfen unterschiedlicher Nutzung für die Küche (zum Backen, Dörren, Rösten, Kochen) oder das Handwerk (Kalk, Keramik brennen) und ferner auch die Lehm-/Ton-/Sandentnahme- und Abfallgruben. Vereinzelt sind Gehöftabzäunungen vorstellbar.

Wenngleich bei den ergrabenen Häusern Hinweise zur Konstruktion des Wandaufbaus fehlen, ist davon auszugehen, dass diese als gezimmerte Grundkonstruktion in Pfostenbauweise (gewissermaßen wie Fachwerk) errichtet wurden.[51] Eingespannte Spaltbohlen oder Wände in Blockbauweise auf Schwellenkonstruktion sind ebenso denkbar wie Flecht- und Stakenwände. Für die Pfosten wurde Stammholz verwendet. Anschließend erhielten die Wände Lehmverputz, wie reichlich vorhandene Fundstücke zeigen. Stampflehm, Steinpflaster oder auch Steingrus bildete den Fußboden. Partiell sind auch Auflagen aus Spaltbohlen möglich. Als Material für die Dachdeckung kommen vorrangig Reet, Stroh, Holz(schindeln) oder Grassoden in Frage.

22 - rekonstruierter Schnitt als Beispiel eines Senkkastenbrunnens, gefunden in Klötze, Altmarkkreis Salzwedel; datiert auf um 250 n. Chr.

Drei Hausgruben wurden im Jahr 1979 während des Baues einer Erdgasleitung 450 m nördlich bis nordöstlich des heutigen Dorfes entdeckt (Abb. 23). Hierzu zählt das untersuchte ost-west-orientierte Acht-Pfostenhaus[52] mit einer Innenfläche von 3,5 x 5 m (Abb. 24/25). An den Giebelseiten waren die Standspuren der beiden Firstpfosten, an den Längsseiten die der drei Wandpfostenpaare zu erkennen.

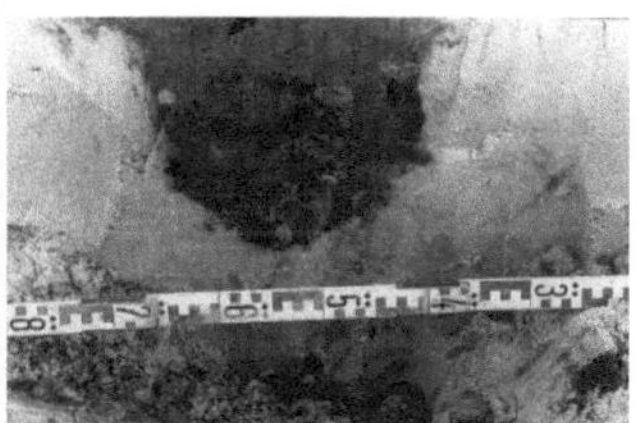

23 a – Profil des Grubenhauses, angeschnitten durch den Bagger im Gasleitungsgraben. b - angespitzter Pfosten der südlichen Seitenwand als Verfärbung

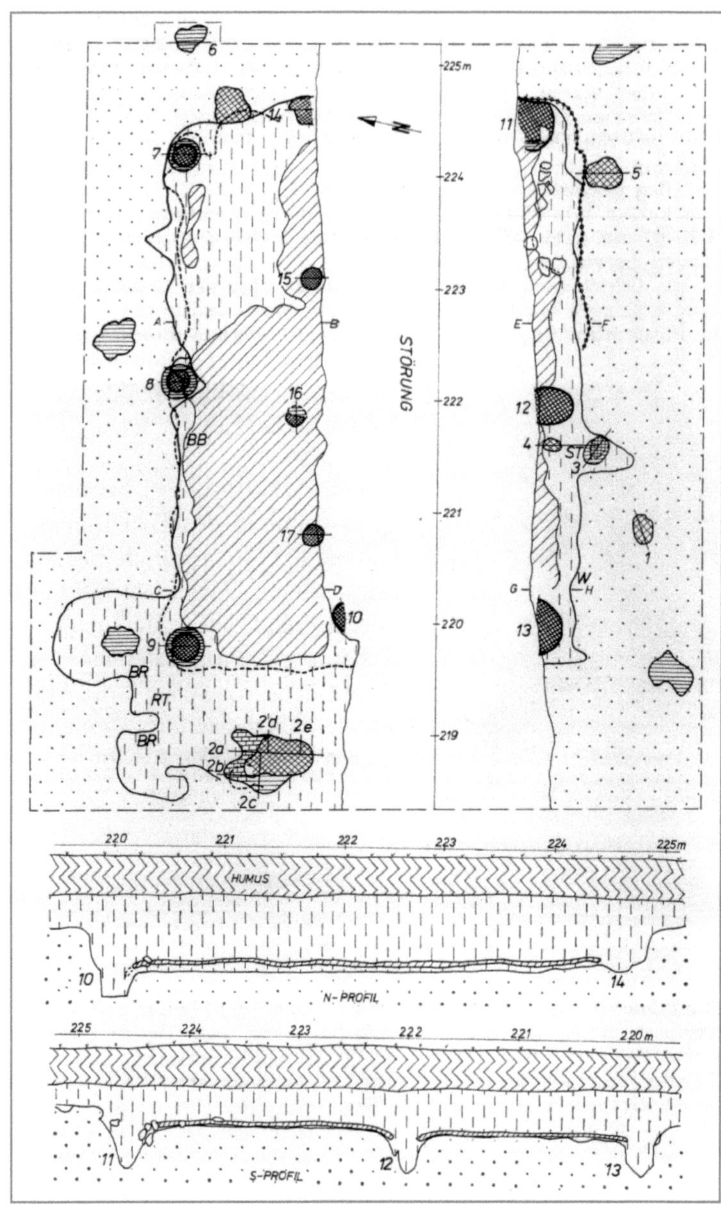

24 - Achtpfosten-Grubenhaus (Planum = Aufsicht und Profil = Schnitt) mit durchschneidendem Erdgasgraben (Störung) aus der Siedlung Zethlingen

Der sichergestellte Lehmbewurf lässt auf Mischbauweise schließen, d. h. Wände aus Flechtwerk mit Lehmverputz, häufig mit einem Kalkanstrich versehen (ein zeitgleicher Kalkbrennofen wurde 1987 in Kakerbeck, Altmarkkreis Salzwedel, gefunden). Da keine Feuerstelle vorhanden war, liegt eine Nutzung als Wirtschaftsgebäude nahe. Pfostenstandspuren im Innern und das feuchtkühle Milieu in der eingetieften Grube lassen an ein Webhaus mit aufrecht stehendem Gewichtswebstuhl (vgl. Abb. 40) denken, da die luftgetrockneten Webgewichte aus ungebranntem Ton durch die Feuchtigkeitsaufnahme mit einem höheren Gewicht für straffe Kettfäden sorgten. In einer zweiten Nutzungsphase brachten die Siedler einen Bodenbelag aus feinem, steinigem Grus ein, der den gesamten inneren Fußboden bedeckte – weshalb ist unbekannt.

25 a – Ecke vom Achtpfostengrubenhaus während der Ausgrabung, dunkle Haussohle, dazu Profilsteg mit dem Hausquerschnitt. b – runde braune Pfosten unterhalb der Haussohle

Die Rekonstruktion dieses Achtpfostengrubenhauses der Siedlung Zethlingen steht als reetgedecktes Gebäude mit lehmverputzten Flechtwerkwänden mittlerweile seit 1990 in der Langobardenwerkstatt und entspricht mit einem Kalkanstrich im Inneren den Anforderungen an eine für die Weberei genutzte Werkstatt.

Ebenfalls aus der Siedlung Zethlingen stammt eine eingetiefte Hausgrube mit vier Pfosten in Dreieckstellung an der Süd-West-Ecke.[53] Feuerstelle, Schmiede- und Kalottenschlacken sowie auffallend viele kleinstückige Schlackenreste, lassen an eine Nutzung als Metall-(Schmiede?)-Werkstatt denken. Wände nach Süden und Westen reduzierten den beim Schmieden unerwünschten Lichteinfall deutlich. Da Spezialisten für die Eisenerzeugung sorgten, beschränkten sich die meisten der Siedlungen offenbar auf die Weiterverarbeitung von Schmiedeeisen.

Dieses Haus und eine weitere eingetiefte Hausgrube ohne Pfostenstandspuren in unmittelbarer Nähe nordwestlich davon, lagen am verlandeten Uferbereich eines Tümpels nahe einer Quelle. Obwohl isolierte Pfosten im Erdgasleitungsgraben keinem Bauwerk zuzuordnen waren und ebenerdige Wohn(stall)häuser im untersuchten Dorfbereich nicht angetroffen wurden, ist ihre Existenz trotzdem anzunehmen, wenngleich die Standorte unbekannt sind. Immerhin wurde bei der geomagnetischen Erkundung in der Siedlung mehrfach Hinweise auf Herde und Öfen gefunden, die sich vielleicht innerhalb dieser Häuser befanden, aber auch von außerhalb angelegten Töpfer- oder Backöfen stammen können.

Zerbrochenes, in der Siedlung mit Tierknochen als Abfall vergrabenes Geschirr ähnelte vielfach der als Urnen verwendeten Irdenware, stammte aber auch von recht großen Vorratsgefäßen.

Das Siedlungsgelände, auf dem auch Alltagsgegenstände, wie z. B. Spinnwirtel[54] oder Schleifsteine, gefunden wurden, erstreckte sich auf sandigem Terrain unter Auslassung von Lehm- und Tonlinsen in Ost-West-Richtung über eine Distanz von ca. 360 m, von Nord nach Süd von mehr als 120 m. Die Anzahl der Höfe in diesem weilerartigen Dorf wie auch ihre zeitliche Abfolge kennen wir nicht. Gewiss ist lediglich, dass es im 3. Jahrhundert bestand. Wann es aufgebaut wurde, wann und warum es die letzten Personen aufgaben, ist nicht bekannt.

Bauern und ihre Wirtschaft

Die in den bäuerlichen Siedlungen erzeugten landwirtschaftlichen Produkte dienten im Wesentlichen der Eigenversorgung. Die Landwirtschaft war der Hauptwirtschaftszweig.[55] Hier besaß die Viehwirtschaft wohl Vorrang vor dem Feldbau, bedingt durch die geringwertige bis mittlere Bodengüte und einen durch Vernässungsmerkmale[56] ausgewiesenen hohen Grünlandanteil. Zur Sicherung des Fleisch- und Milchbedarfs, der Gewinnung tierischer Rohstoffe (Fett, Wolle, Häute, Fell, Horn, Knochen, Sehnen, Därme) wurden Schweine, Schafe und Ziegen bzw. zusätzlich zur Nutzung als Zug- bzw. Reittier Rinder und Pferde gehalten (Abb. 26). Durch die in mehrjährigem Alter geschlachteten Tiere ist mit Einstallung und Winterbevorratung zu rechnen. Wohnstallhäuser, nicht in Zethlingen, aber in anderen altmärkischen Siedlungen bereits ergraben, oder separate Ställe erfüllten diesen Zweck. Biss-, Kratz- und Nagespuren an Tierknochen von Schlachtvieh lassen darauf schließen, dass ‚Küchenabfälle' in Nähe der Häuser herumlagen. Das Schlachtalter der Tiere lag vorwiegend bei drei bis fünf Jahren, was sowohl ihre Nutzung als auch eine intensive Zucht nahelegt. Allerdings überwiegt bei Schweineknochen die Anzahl männlicher Tiere deutlich gegenüber den weiblichen. Daher war offenbar ein Teil der Bevölkerung zumindest saisonal nicht auf Schweinezucht ausgerichtet, sondern in erster Linie Verbraucher. Dies trifft auf die Schmelzer als metallverarbeitende Handwerker (s. u.) zu.[57]

Rinder erreichten damals eine Widerristhöhe von 100-130 cm, Schweine zwischen 60 und 85 cm und Schafe bzw. Ziegen 54-75 cm, waren also insgesamt kleiner als die heutigen Haustierrassen (Abb. 27).[58]

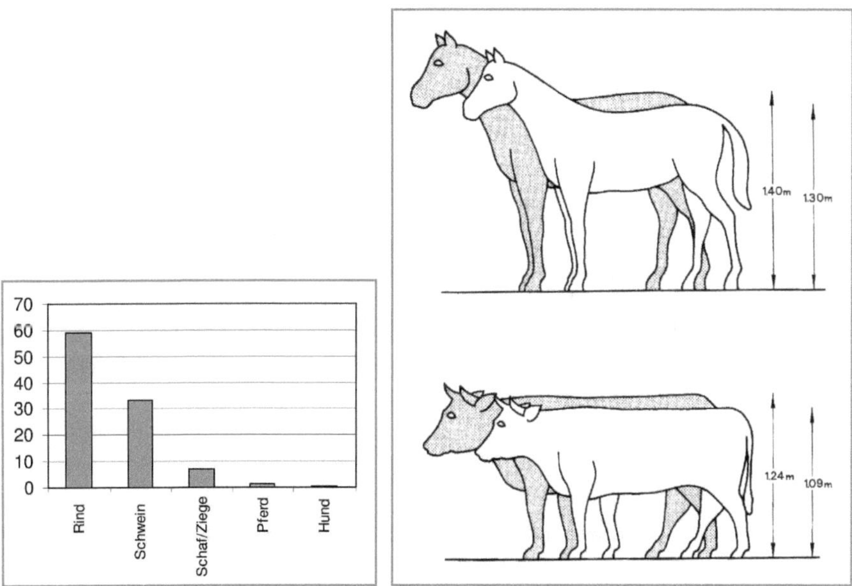

26 - Häufigkeit der untersuchten Haustiere in %. 27 – Widerristhöhenvergleich zwischen römischen (grau) und germanischen (weiß) Haustieren

Im Rahmen der Siedlungs- und Bestattungstätigkeit entstandene Holzentnahmeflächen eigneten sich als Weiden zur Rinderhaltung, die dorfnahen Wälder zur Eichelmast für Schweine, die vom Typ her heutigen

Wildschweinen ähnelten. Die wohl kombinierte Wiesen-Waldweide-Wirtschaft war in den zahlreichen Niederungen und auf Brachen möglich.

Obwohl häufiger zu vermuten, wurde im Siedlungsbereich nur ein Hund nachgewiesen, weitere allerdings in den Brandgräbern.

Die Jagd hatte dagegen keine wirtschaftliche Bedeutung; lediglich Reh und Dachs fanden sich im Knochenmaterial. Hier ging es wohl vorrangig um die Reduzierung des Wildbestandes zum Schutz der Haustiere, zum gelegentlichen Verzehr und zur Einschränkung des Verbisses an Kulturpflanzen.[59] Hirsche kamen wiederum in Bestattungen vor (s. u.). Unter den Grabfunden befand sich zudem die durchbohrte Kralle eines Greifvogels, vermutlich von einem großen Adler (Abb. 28a). Ob er erlegt wurde oder der Beizjagd diente, bleibt ungeklärt.[60]

28 a - durchbohrte Kralle eines großen Greifvogels als Anhänger
28 b – Abdruck eines bespelzten Haferkorns auf einem Keramikgefäß

Einzelne Getreidearten, Nackt- und Spelzgerste, Emmer und Saatweizen - Roggen und Hafer (Abb. 28b) liegen nur in Spuren, d. h. meistens als Abdruck auf Keramik, vor. Hülsenfrüchte (Saubohne) und Ölpflanzen (Lein) weisen auf den mehrheitlichen Sommeranbau von Nutzpflanzen hin, wenngleich Saatweizen bereits Winterung belegt. Fruchtwechsel, Düngung und Brachen konnten auch bei ungünstigeren Böden die Erträge sichern. Über eine Feldeinteilung und zu den Bewirtschaftungs- und Erntegeräten liegen aus Zethlingen keine Hinweise vor.

Vom Haushandwerk: Holzbearbeitung

Der Be- und Verarbeitung von Holz kam eine bedeutende Rolle zu, wenn auch aufgrund schlechter Erhaltungsbedingungen nur sehr wenige

Anhaltspunkte davon zeugen: Haus- und Brunnenbau belegen die Zimmerei, Kästchen die Tischlerei, Daubeneimer die Böttcherei und Webstühle die Stellmacherei. Auch das Schäften von Äxten, Lanzen, Speeren und der Bau von Bögen und Schilden, Schwertscheiden sowie Pfeilen kommen hinzu. Zahlreiche Holzgegenstände des Haus- und Handwerks, wie Stiele, Griffe, Hefte, Spindeln, Webschwerter und Harken oder Mollen wurden wohl in den Familien selbst hergestellt. Für das Verarbeiten von Baumbasten und Rinden sowie den Bau von Transportmitteln zu Lande und zu Wasser (Karren und Einbäume) stehen archäologische Nachweise bisher noch aus.

Deutliche Bearbeitungsspuren von Sägen, Äxten, Dechseln oder Beiteln an den Hölzern des Klötzer Kastenbrunnens zeigen die Anwendung auch dieser Werkzeuge.

Töpferei

In der Töpferei entstehen handgeformte regionale Gefäßformen mit lokaltypischen Dekors. So erfreut sich beispielsweise die mit Rollstempeln aufgebrachte Rädchenverzierung bis zum Beginn des 4. Jahrhunderts gerade hier einer außerordentlichen Beliebtheit (Abb. 17 a).

Mehrzinkige Kämme, Stempel und andere Werkzeuge verwendete man zum Anbringen vielfältiger Muster wohl auf einfachen, langsam rotierenden Handdrehscheiben (Abb. 29 a-d).

Aufgrund ihres Fassungsvermögens dienten Schalen und Terrinen vorrangig als Urnen zur Aufnahme des Leichenbrandes und der Bestattung der Verstorbenen. Dies geschah allerdings erst, nachdem zahlreiche dieser Gefäße zuvor längere Zeit im Haushalt benutzt wurden, wie die Abnutzung der Böden zeigt. Ein umfangreiches Geschirrinventar ist in Bruchstücken erhalten: Schüsseln, Schalen, Näpfe und Vorratsgefäße in allen Größen. Aber auch Tassen, Teller, Krüge, Siebe und Wannen verblieben als Küchengeschirr in den Häusern oder zerbrochen als Abfall zurück.

Neben unsymmetrischem, dickwandigem, aber auch aufwändig dekoriertem Geschirr aus hauseigener Herstellung (Abb. 30) existieren hart gebrannte, exakt geformte und verzierte Töpferarbeiten von Spezialisten (Abb. 31).

Das Brennen der Töpferware konnte auf unterschiedliche Weise geschehen, z. B. in speziellen Öfen. Der Aufbau und die Inbetriebnahme eines vollständig eingetieften Töpferofens als Experiment nach einem Grabungsbefund[61] zeigte die gute Isolierung der Anlage gegenüber den

Außentemperaturen und witterungsunabhängige Feuerführung als Voraussetzungen für einen Reduzierbrand. Der Ofen hatte ein Fassungsvermögen von etwa 40 spätkaiserzeitlichen Gefäßen und es gelang, klingendharte Irdenware oxidierend rot oder reduzierend schwarz darin zu brennen (Abb. 17a, 32, 46).[62] Schwarz gebrannte Irdenware ist auch aufgrund des in den Poren eingelagerten Kohlenstoffs weniger durchlässig als rot gebrannte Keramik.

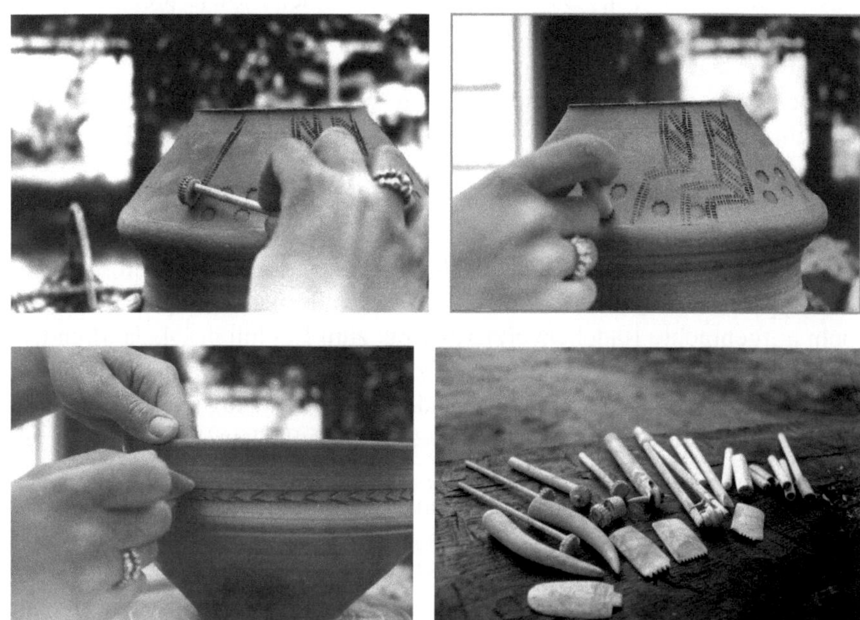

29 - Aufbringen der Dekore auf die ungebrannte Keramik im Versuch: a – Rädchenverzierung, b - Stempel und c - Winkelband sowie d - anhand der Keramikfunde rekonstruierte Werkzeuge zum Verzieren aus Horn und Holz

Konisch eingetiefte Grubenbrennöfen mit einer lehmverstrichenen Steinverkleidung der Wandung dienten dem Brennen von keramischen Gütern aller Art (Geschirr, Spinnwirtel usw.) im Hauswerk. Wie Versuche zeigten, gewährleistete der Grubenquerschnitt eine günstige Luftzufuhr und damit stabile Brennverhältnisse bei relativ konstanten Temperaturen.[63]

Der archäologisch schwer nachweisbare Feldbrand, bei dem das Geschirr unter einer Stroh-, Reisig- und Scheitholzabdeckung ebenerdig gebrannt wird, muss - vermutlich an erster Stelle – und daher als das allgemein übliche Brennverfahren angewendet worden sein.

30 a – Schale mit plastischem Schnur- und Rädchendekor; b – Fußschale mit Kerbreihen und Knubben

31 - sog. ‚Händchenurne' mit Rädchendekor; die erhobnen Hände symbolisierten vermutlich eine Unheil abwehrende, beschwörende Geste
32 - Entnahme reduzierend schwarz gebrannter Keramik aus dem rekonstruierten Töpferofen nach einem Brennversuch

Die Herstellung scheibengedrehter Ware auf der schnell rotierenden Drehscheibe hatte sich im Raum Zethlingen im Vergleich zu anderen Gebieten noch nicht durchgesetzt, wie handgeformte Kopien zeigen. Unter mehr als 2000 Gefäß(-resten) war lediglich ein möglicherweise aus dem Braunschweiger Raum importiertes Drehscheibengefäß (Abb. 33).[64]

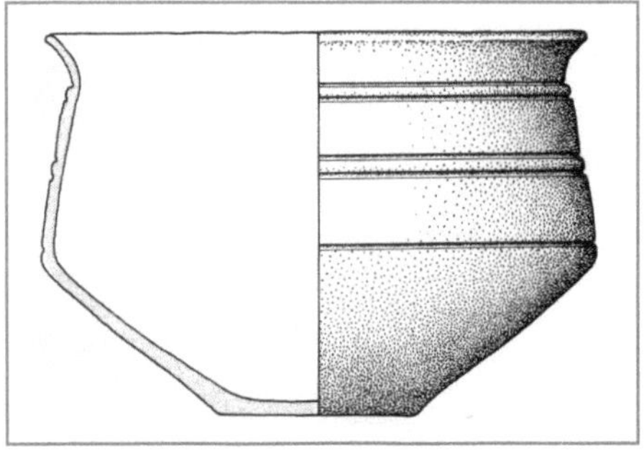

33 - die einzige Drehscheiben-schale aus Zethlingen fand Verwendung als Grabgefäß

Knochenarbeit

Felle, Häute, Sehnen, Därme, Knochen, Horn, Geweih etc. fielen als Roh-stoffe bei der Schlachtung an. Aus Leder entstanden Schuhe[65], Futterale, Gürtel, Riemen, Blasebälge, Zaumzeug usw. Eiserne Nadeln – Pfrieme für das Lochen des Leders – gab es auch in den Gräbern. Der Verarbeitung ging das Gerben der Häute voraus. Schaf- und Lammfelle, auch die von Wild, wurden wohl bevorzugt zu Winterbekleidung verarbeitet. Zum Bespannen und Verschnüren eigneten sich Sehnen und Därme. Häute galten im Übrigen als ein gefragter Exportartikel für das römische Heer.

34 – Knochengriff mit Kreisaugendekor

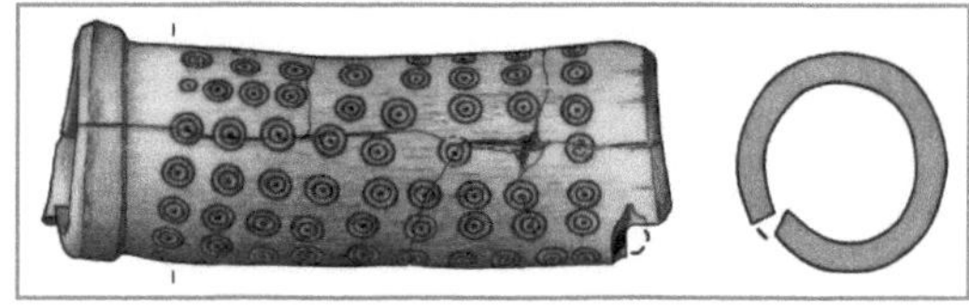

Vielseitig war die Verwendung von Knochen, Horn und Geweih. Funde von Halbfabrikaten zeigen die einzelnen Verarbeitungsgänge (Trennen, Sägen, Verzieren, Schleifen, Polieren) und zugleich die Hand-habung feiner Werkzeuge zur Herstellung von Knochennadeln (Schnitzen, Drechseln, Bohren usw.), ein- und dreilagigen Kämmen, Nadelbüchsen, Griffen und Perlen (Abb. 34/35, sowie 18).

Körbe und Seile

Auch für die Korbmacherei und die Seilerei stehen für Zethlingen archäologische Belege bisher noch aus. Pflanzenfasern (Flachs, Hanf, Baumbaste) waren das Ausgangsmaterial zum Herstellen von Schnüren für Ketten, Seilen und Tauen durch Verdrillen zu mehrschäftigen Strängen unterschiedlicher Stärke.

Korbweiden fanden beispielsweise im Auenbereich beste Standortbedingungen.

35 a – ursprünglich bis zu 20 cm lange, unterschiedlich gestaltete Knochennadeln.
35 b - Einlagenkamm mit Punktaugendekor

Chemie? Teer – Kalk - Farbe

Die Teersiederei wird durch (Urnen-)Harzfunde belegt, allerdings bleibt die Herstellungstechnologie[66] hier unbekannt. Teer diente darüber hinaus als Klebe- und mit Fetten vermischt als Schmiermittel. Auch werden seine Konservierungs- und Desinfektionseigenschaften bekannt gewesen sein, außerdem seine medizinische Wirkung.

36 – Kalkbrennofen als archäologisches Experiment. Grubenofen mit eingeschichtetem Kalk, Feuerung, Abdeckung aus lehmummantelten Rundhölzern und mit Zugöffnungen

Auch die regionale Herstellung von Brannt- aus Wiesenkalk ist anhand eines eingetieften Brennofens mit Steinauskleidung und Resten der lehmverstrichenen Rundholzabdeckung sowie Kalkresten im nahe gelegenen Kakerbeck belegt.

Kalk fand beim Tünchen der Lehmwände, in der Gerberei oder auch bei der Heilbehandlung Verwendung.

Im Experiment konnte die Herstellung von Branntkalk in solch einem germanischen Grubenbrennofen mit lehmverstrichener Steinauskleidung und in Lehm gebetteten Rundhölzern als Abdeckung bei Temperaturen von ca. 800°C nachgewiesen werden (Abb. 36).[67]

Unter geeigneten Bedingungen erhalten sich mitunter auch Farbreste auf organischen Materialien, wie Holz, Textilien oder Leder. Die Zersetzung dieser Substanzen im Boden tilgt i. d. R. jede Farbspur. Pflanzenteile, Moose oder Pilze sind als Farbstofflieferanten bekannt. Nur wenige einheimische Naturfarbstoffe erbringen trotz Beizen des Färbegutes ein lichtechtes Resultat gedeckter Farbnuancen von gelb über grün bis braun. Der archäologische Nachweis einer Färbung gelang hier bisher nicht, wenngleich zum Färben geeignete Pflanzen belegt sind. Hierzu zählt auch das Vorkommen von blau färbendem Waid im Nordseeküstenraum. Rotfärbungen durch nicht einheimische Krappwurzeln sind anderenorts hingegen mehrfach dokumentiert.[68]

Zu Tisch

Aus der untersuchten Tierknochenserie ergab sich, dass Rindfleisch häufiger als das der Pferde und Schweine verspeist wurde. Nahezu bedeutungslos war der Verzehr von Schaf/Ziege oder Wild.[69] Der Fischfang ist zwar nicht belegt, jedoch am Rande einer Niederung mit Fließgewässer zu erwarten. Ein Teil der vegetarischen Kost ist durch Pollen, Pflanzenreste oder Abdrücke überliefert. Getreide (Gerste, Roggen, Saatweizen, Spelt und Hafer) war Stärke- und Proteinlieferant, Hülsenfrüchte (Erbse, Linse, Saubohne) sorgten für die Zuführung von pflanzlichem Eiweiß, pflanzliche Fette lieferten Lein und Haselnüsse. Gleichwohl dürfte noch immer das Sammeln von Beeren (Kratz-, Brom-, Himbeeren sowie schwarzer Holunder), Nüssen, die auf den lichten Gehölzflächen günstige Standorte besaßen, Pilzen und Honig den Speisezettel ergänzt haben. Als Lieferanten von Vitaminen, Ballast-, Mineral- und Spurenstoffen stellte wohl das Wildgemüse (Hirtentäschel, Hederich, Vogelmiere, Rainkohl, gezähnter Feldsalat) einen unersetzbaren

Anteil der Ernährung dar. Die teilweise aromatischen Inhaltsstoffe mancher Wildgemüseart sorgten sicherlich für eine natürliche Würzung der Speisen. Zwar war das Salz bekannt, aber rar und kaum erschwinglich. Gewürzpflanzen (Winter-, und Brunnenkresse, Ackerminze, Sauerampfer, Ackerhellerkraut und der importierte Koriander) bereicherten die Gerichte geschmacklich und Heilpflanzen (z. B. Odermennig, Taubnessel oder Eisenkraut) milderten Beschwerden. Das Vorhandensein von gezähntem Feldsalat, Katzenminze und Bilsenkraut sowie von Koriander aus Klötze, Altmarkkreis Salzwedel (Abb. 37), machen erste Anfänge des Gartenbaus glaubhaft.[70]

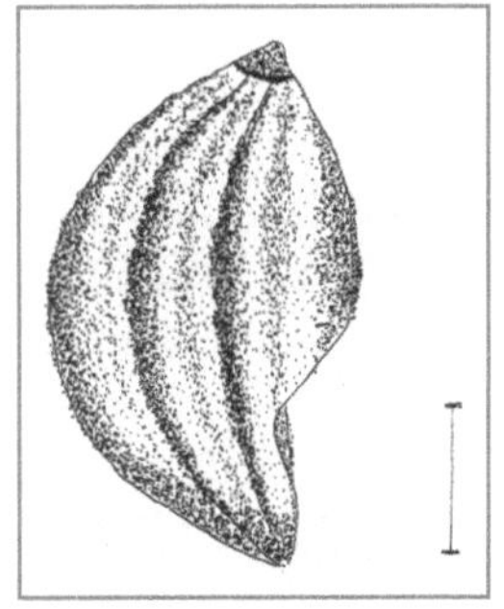

37 - Koriander. Teilfrucht einer Kapsel aus dem Klötzer Brunnen

Getreide wurde in der Reibe- oder bereits schon in der Drehmühle zu Mehl vermahlen, Brote aus Sauerteig im Lehmbackofen gebacken, Speisen wie ‚Eintöpfe', Getreidebreie und –grützen in irdenen Gefäßen auf dem offenen Herdfeuer bereitet und das Fleisch am Spieß über dem Feuer oder in Grubenöfen gegart. Gekocht wurde in Kochgruben oder auf dem Herd aus Feldsteinen. Sicher aß man auch Rohkost. Siebgefäße dienten der Milchverarbeitung zu Quark und Käse. Damit ergibt sich aus heutiger Sicht ein Spektrum möglicher Speisen, nahrhaft, aber weniger abwechslungsreich.

Zur Ausstattung der Küchen gehörten geböttcherte Behälter mit Metallbeschlägen, wie z. B. Holzeimer für das Brunnenwasser. Heute weiß man von obergärigem Malzbier und der Bereitung von Met. Hier ist der Nachweis der bei Tacitus erwähnten Trinklust[71] indirekt durch Beschläge der Trinkhörner und durch ein Röhrenhenkelgefäß (Abb. 38), das bei der Alkoholherstellung Verwendung fand[72], erbracht.

Das Haltbarmachen der Nahrungsmittel war durch Darren, Rösten, Lufttrocknen oder Pökeln möglich und besonders für die Versorgung während der Winterzeit überlebenswichtig. Vorratsgruben und Speicher unterschiedlicher Konstruktion dienten der Lagerung und schützten vor Schädlingen.

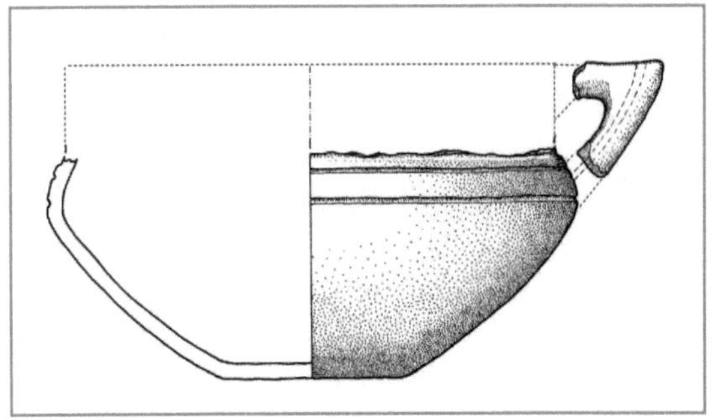

38 - Röhrenhenkelgefäß
(Gefäß war während der Gärung abgedeckt, Gase entwichen durch die Henkelröhre)

Leute machen Kleider

Ledernes Schuhwerk wie auch Bekleidung kennen wir z. B. aus niedersächsischen, norddeutschen und dänischen Moorfunden, vereinzelt auch aus Funden Sachsen-Anhalts[73], den Trachtschmuck durch die Grabinventare. Die Trajanssäule (120 n. Chr.) und vor allem die nach dem Sieg Kaiser Marc Aurels in den Markomannenkriegen an der Donau über die Germanen errichtete Markussäule (180 n. Chr.) in Rom zeigen Abbildungen germanischer Kriegsgefangener und deren Familien in ihrer Kleidung, Haartracht und teils auch deren Schmuck, die mit der Bekleidung der germanischen Moorleichen übereinstimmt.

Faserreste und Gerätschaften wie Tonwirtel (Abb. 39) als Schwungscheibe für die Handspindel, Webgewichte (Abb. 40), Nähnadeln (Abb. 41) und Scheren bezeugen auch für Zethlingen die Verarbeitung von Wolle und Flachs.

Frauen und Mädchen stellten in den Haushalten die Bekleidung her. Dem Weben von Wolltuchen gingen das Scheren der Schafe (Abb. 42), Sortieren der Wollhaare, Kardieren[74] und das Verspinnen mit der Handspindel voraus. Leinengewebe erforderten den Flachsanbau, die Ernte, das Rösten, Brechen, Hecheln[75] und Verspinnen der Flachsfasern. Auf senkrechten Gewichtswebstühlen mit Webgewichten zum Spannen der Kettfäden wurden rechteckige Tuche in mannigfachen Arten der Leinwand- und Köperbindung (Abb. 43) gewoben. Die Kleidungsstücke entstanden nach unterschiedlichen Schnitten aus in verschiedenen Webmustern erzeugten Tuchen, wobei einst oftmals Altes wieder verwendet wurde und eine optimale Ausnutzung des gewebten Stoffes ohne Reststücke auffällt. Die Bandbreite reichte dabei vom groben Tuch bis zu sehr feinen Textilien. Wir kennen Gewebe von bis zu 3,5 m Breite, wie Moorfunde zeigen. Nach Fertigstellen des Wolltuchs folgte das Walken zum Verdichten der Fäden.

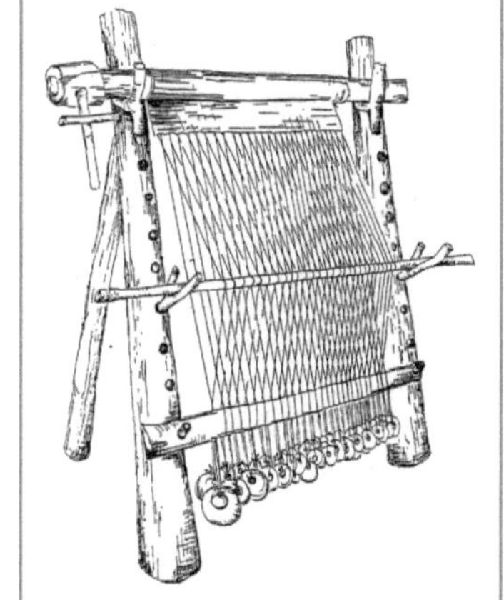

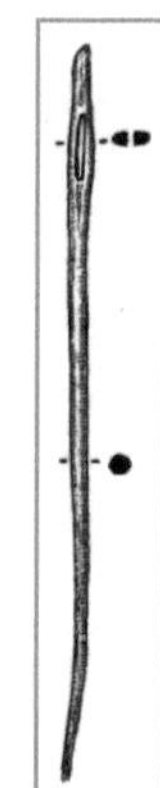

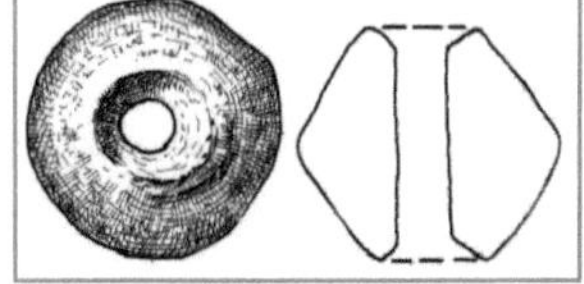

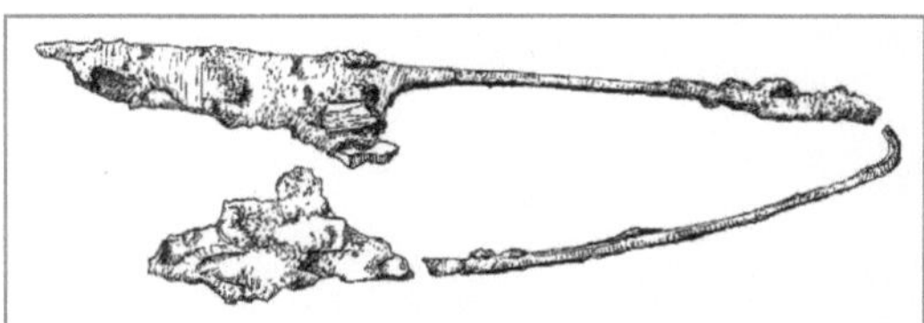

39 – Keramikspinnwirtel als Schwungscheibe zum Aufschieben auf die Handspindel. 40 – aufrecht stehender Gewichtswebstuhl mit tönernen Webgewichten an den Kettfäden.

41 - eiserne Nähnadel. 42 - zerbrochene Eisenschere

Feine, auch mehrfarbige Gewebe sowie Gewirke in Sprang und Nadelbindungstechnik[76] ergänzten die Kleidung, z. B. als Haarnetze, Mützen, Handschuhe usw. Bandwebarbeiten in Brettchentechnik verzierten als mehrfarbige Borten in unterschiedlichen Dekoren die Säume und Nähte der Kittel, Blusen, Kleider und Umhänge. Gröbere Bänder fanden durch ihre Zugfestigkeit als Gurte Verwendung. Aus Zethlingen kennen wir jedoch nur die Textilabdrücke.

Frauen: ihre Mode und ihr Schmuck ….
Frauen bekleideten sich mit einem Kittel als Unterkleid, mit Bluse und Rock oder einem Schlauchgewebe, das am oberen Ende großzügig umgeschlagen, von Gewandspangen gehalten und mit einem Band aus Leder oder Garn gegürtet wurde. Es ähnelte dem im antiken mediterranen Raum

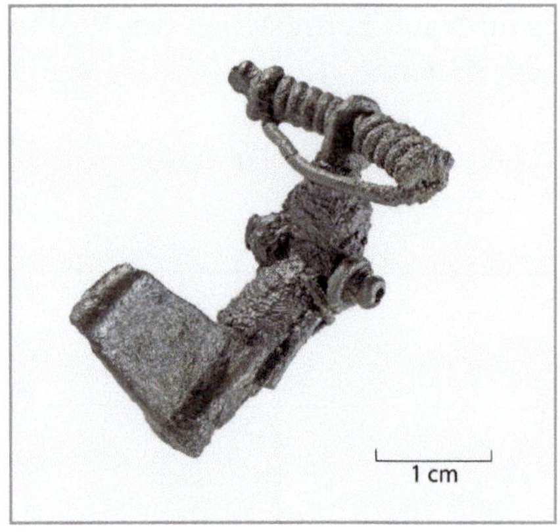

43 - Urnenharz mit dem Abdruck eines Gewebes in Gleichgratköperbindung
44 - Fibel mit verbackenem Textil an der Unterseite, durch chemische Prozesse im Verlaufe des Scheiterhaufenbrandes konserviert

45 – Peploskleid, auf der Schulter von Fibeln zusammengehalten
46 – Peploskleid mit Fibelverschluss am Hals
47 – provinzialrömische[77], rot-weiß-blau gefelderte Millefioriperle: bei dieser Technik der ‚tausend Blumen' werden mehrere farbige und nebeneinander liegende, zu einem Motiv gebündelte Glasstäbchen verschmolzen und von diesen kompakten Stäben Scheiben abgetrennt

weit verbreiteten Peploskleid. Der Umschlag konnte auch als eine Art Kapuze oder Kopftuch getragen werden. Mehrfarbige, gleich zusammen mit den Tuchen auf dem Webstuhl oder mit Brettchen gewebte Borten und Bänder in verschiedenartigen Mustern schmückten die Kleidung (Abb. 45).

Für die Winterzeit wurden wärmende Felle verarbeitet. Die Füße steckten wohl in einfachen ledernen Schuhen. Da die Kleidung über keine Taschen verfügte, enthielt ein kleiner, am Gürtel getragener Beutel alle Utensilien, die stets zur Hand sein sollten (Kamm, Nähzeug, Spinnwirtel etc.), teils waren Schlüssel oder Messer samt Futteral auch direkt am Gürtel angebunden.

Haarnetze, Hauben oder Mützen entstanden beispielsweise in Sprangtechnik oder in Nadelbindung (s. o.) und Wickelbinden gelten als die Vorläufer der Strümpfe.

Das aus den Gräbern überlieferte Trachtzubehör bestand aus Metall-, Knochen/Geweih- und Glasperlenschmuck.

Fibeln als dekorative und der Mode unterworfene Gewandschließen aus Eisen und/ oder Bronze, seltener aus Silber, wurden von allen Teilen der Bevölkerung getragen. Bei Frauen finden wir sie häufig paarig als beidseitiger Schulterverschluss und/oder einzeln zum Schließen eines Gewandes oder Umhangs am Hals (Abb. 45/46). Kleinere Exemplare hielten die feinen Stoffe zusammen.

Schmucknadeln aus Bronze oder Silber mit verzierten Köpfen bzw. lange, am Kopf verzierte Nadeln aus Knochen oder Geweih gehörten ebenfalls zur Ausstattung, vermutlich um die Frisur oder ein Tuch an den Haaren zu befestigen (s. Abb. 33). Eine spezielle Haubenbefestigung bestand aus langen abgewinkelten Bronze- und Silbernadeln. Natürlich durfte der Kettenschmuck nicht fehlen: farbige Glas- und Fayenceperlen aus den römischen Rheinprovinzen (Abb. 47), aufgefädelt auf Schnüren, mitunter zusammen mit Anhängern aus Eisen, die ‚Unheil abwehrende‘ Substanzen enthielten (Abb. 72). Und es gab zudem Fingerringe, Armreifen, vereinzelt auch Stirnbänder.

Erwachsene Frauen verwendeten Holzkästchen zur Aufbewahrung von Schmuck- und Toilettengerät. Deren Kastenbeschläge bestanden aus Randumbördelungen, Blechstreifen mit Nietlöchern und Nieten mit Bronzeköpfen. Dazu gehörten rechteckige Schließbleche für Schlossfedern und für Hakenschlüssel (vgl. Abb. 84/85).

Männer und ihre Ausrüstung

Die Männer kleideten sich mit Hemd, Kittel, Hose kurz oder lang mit angesetzten Füßlingen und einem großen, oft von Webborten eingefassten Umschlagmantel, wobei diese Borten oftmals gleich an den Seiten der Tuche mitgewoben wurden. Brettchengewebte Bänder sind ebenfalls für die Männerkleidung überliefert. Alternativ zu den Füßlingen gab es ebenfalls Wickelbinden als Vorläufer der Strümpfe. Die Füße steckten in Lederbundschuhen. Diese bestanden aus einem je nach Schuhform speziell zugeschnittenem und ggf. zusätzlich verziertem Lederstück, das mit gebundenen Riemen die Füße umschloss.

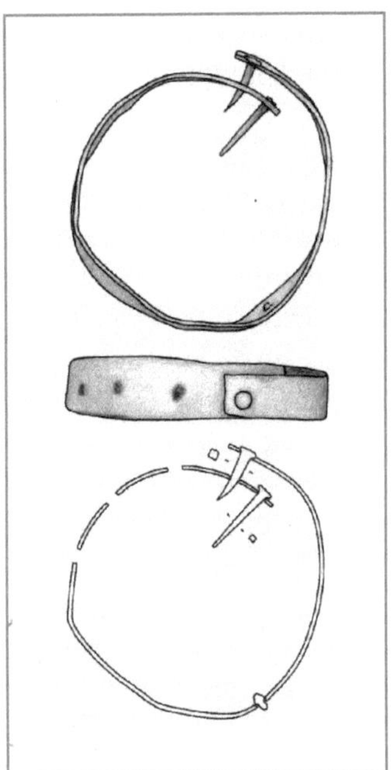

48 – Bronzebandbeschlag eines Trinkhorns mit Löchern und Nägeln für die Befestigung am Horn

Auch Männer griffen während der kalten Jahreszeit auf Fellkleidung, wohl in Form von Umhängen, Mützen und Schuhen, zurück.

Erkenntnisse zur Männertracht beschränken sich auf wenige Gürtelschnallen und einzelne Fibeln. Offenbar war der schnallenbesetzte Gürtel weitestgehend dem Waffenträger vorbehalten.

Ihren Mantel verschlossen die Männer auf der Schulter wohl zumeist mit einer größeren Fibel. Auch hier kamen die stets benötigten Utensilien (z. B. Kamm, Messer, Wetzstein, Feuerzeug) in einen am Gürtel befestigten Beutel oder in ein Futteral.

Amulette und Anhänger in Form von Miniaturgeräten, selbst Schmuck aus einzelnen größeren Perlen ist überliefert.

Metallbeschläge von Trinkhörnern (Abb. 48/49) und Spielsteine samt Würfel bezeugen, dass auch die männlichen Altvorderen mit anregenden Getränken, Brett- und Würfelspiel dem Müßiggang zugeneigt waren.

49 a - kleiner massiver Bronze-Eber oder –Bär als Teil einer Trinkhornkette, von der rechten Seite einem Eber ähnlich; dabei ankorrodierter Eisenniet mit pilzförmigem Bronzekopf (links); **b – und von der linken Ansicht eher ein Bär**

Wieland, der Schmied, und seine Helfer

Der Eisenverhüttungsplatz und zahlreiche Gegenstände zeigen die Kenntnisse und Fähigkeiten der lokalen Metallhandwerker. Denn Eisen- und Buntmetallurgie nahmen unter den Gewerken die führende Rolle ein. Eine Trennung von Eisen- und Buntmetallhandwerkern ist nicht zu belegen, ist doch die Metallurgie von Kupfer und Eisen ohnehin auf das Engste miteinander verbunden. Gerade in der Feinschmiedetechnik und der Buntmetallverarbeitung war die Verwendung mehrerer Metalle für ein Endprodukt durchaus gebräuchlich.[78]

Spezialkenntnisse im Umgang mit den Rohstoffen und deren Verarbeitung, aber auch die Qualität und die Formenvielfalt der Endprodukte aus Bunt- und Edelmetall, zeigen die Existenz von (eventuell saisonalen) Handwerkern in der Region. In den jüngeren Gesetzeswerken der Langobarden[79] werden Schmiede als Hofbesitzer, und damit in die landwirtschaftliche Tätigkeit eingebunden, bezeichnet.[80] Damit waren sie ein fester Bestandteil der Dorfgemeinschaft.

Der Feinschmied

Als Rohstoffe dienten ihm häufig zerteilte römische Buntmetallgefäße oder Münzen. Schadhafter oder unmoderner Schmuck wurde wohl ebenfalls recycelt. Die z. T. reich verzierten Fibeln bezeugen das Beherrschen zahlreicher Techniken des Feinschmiedes. Dazu gehörten neben dem Verschmelzen unterschiedlichen Buntmetallschrotts zu gewünschten Legierungen für den germanischen Markt z. B. die Gussformherstellung, Gusstechnik, Schleifen, Polieren, Löten, Drahtherstellung und -montierung, Punzen, Stempeln, Gravieren, Granulieren[81], Tauschieren[82], Ätzen, Löten, Feuervergolden[83], Pressblechfertigung usw. (Abb. 50/51).

Schmuck, insbesondere Fibeln, gab es in unterschiedlichen Größen und Ausfertigungen, Gewandspangen in Scheiben- und in Bügelform.

Zu den besonderen Fundstücken zählt eine für das Gebiet des heutigen Polen typische Eisenfibel. Sie wurde später silberplattiert[84] und mit vergoldeten Flechtbändern und Silbergranalien aufwändig dekoriert. Anhand der starken Abnutzung ist sie lange Zeit wohl als Verschluss eines Mantels getragen worden (Abb. 52). Lokal verbreitete Schmucksachen, wie die charakteristische ‚Zethlinger Fibel' (vgl. Abb. 17), machen Vertriebsbereiche' einheimischer Werkstätten wahrscheinlich.

50 - Sortiment durch das Feuer des Scheiterhaufens branddeformierter Silberfibeln. 51 - branddeformierte germanische Scheibenfibel aus Bronze mit Perldrahtdekor

52 - stark abgenutzte, silberplattierte Eisenfibel mit Silbergranalien und vergoldeten Flechtbändern

Köhlerei am Mühlenberg

Eisen- und Buntmetallurgie bedurften der Holzkohle als Energielieferant. Ihre Herstellung schloss den Holzeinschlag, den Transport, das Zerkleinern des Holzes, das Anlegen und das mehrtägige Betreiben ebenerdiger Erd- oder Grubenmeiler ein. Eichen- und Buchenholzkohle waren hinsichtlich ihres Heizwerts bevorzugt. Die Erzeugung von Holzkohle wird die entsprechenden Waldbestände dezimiert und damit den

Artenanteil des Mischwaldes verändert haben. Meilergruben gehören auch in Zethlingen zu den archäologischen Belegen dieser Zeit.

Fachleute am Werk

Von besonderer Bedeutung für viele Bereiche der Wirtschaft war die Erzeugung von Eisen im Rennverfahren (s. u.) und dessen Verarbeitung zu geschmiedeten Werkzeugen, Waffen und Geräten. Die Verhüttung erfolgte meistenteils außerhalb der Dorfanlagen, wo kleine saisonale Handwerkersiedlungen denkbar sind, die das Rennfeuereisen bis zu Halbzeugen oder Barren ausschmiedeten. Die Weiterverarbeitung übernahmen Dorfhandwerker, die sich auf das Schmieden der Eisenwerkzeuge und Gerätschaften beschränkten. Auch konnten die Dorfbewohner fertige Erzeugnisse erhandeln.

Die Standorte der Eisenschmelzen lagen in Erz- und Wassernähe. Geeignetes Baumaterial (Lehm) und Wasser gehörten zu den grundlegenden Voraussetzungen. Diese Erkenntnisse gehen auf den in Zethlingen teiluntersuchten Werkstattplatz zurück, der bisher mit 12 Rennöfen, zahlreichen Gruben und auf Holzbauten schließende Pfostensetzungen die aussagekräftigsten Befunde lieferte.[85]

Als Platz für den Verhüttungskomplex hatten die Metallurgen den vom Wind begünstigten Westhang des Mühlenberges gewählt. Seinerzeit angelegte Podien bildeten den Standort für jeweils mehrere an deren Kante in Reihe angelegte Rennöfen (Abb. 54). In deren Umfeld befanden sich die Anlagen zur Vorbereitung der Einsatzstoffe Holz und Erz sowie für die Nachbehandlung des Schmelzprodukts der eigentlichen Verhüttung.

Die Öfen gehören zum Typ des freistehenden Schachtofens mit natürlichem Zug und eingetiefter Schlackegrube von ca. 0,6 m Durchmesser bei bis zu 0,8 m Tiefe. Düsenstücke und damit Hinweise auf den Einsatz künstlichen Zuges (für Gebläse) fehlen bislang.

Als lokale Besonderheit der Ofenkonstruktion erwies sich eine dem Ofen vorgelagerte Arbeitsgrube mit Verbindungskanal zur Schlackegrube. Dieser Kanal wird mit dem Vorheizen der Schlackegrube und ggf. dem Absenken der Schlacke während des Rennprozesses in Verbindung gebracht.[86]

Bislang fehlende Konstruktionshinweise zu diesen Öfen sollten nun Ergebnisse der Experimente bringen. Schmelzversuche[87] lassen auf eine Schachthöhe (Lehm mit und ohne Weidenkern) von 1,5 m bezugnehmend auf die für die Zethlinger Population errechnete Körperhöhe schließen.[88]

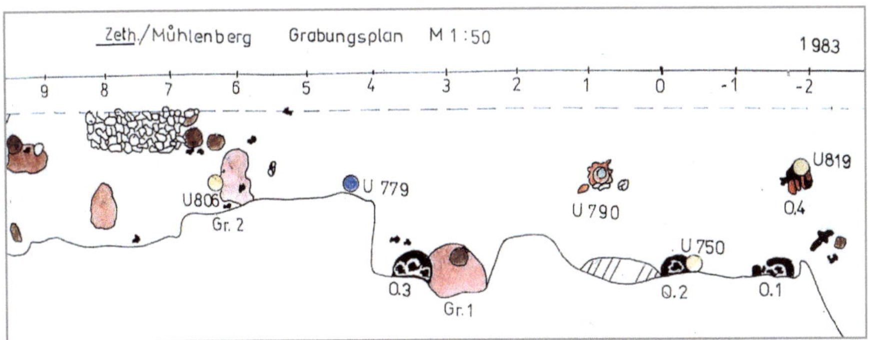

53 - Teilplan der Verhüttungsstelle (O. = Ofen, Gr. = Grube, U = Urne, jeweils m. Nummer)

54 – Verhüttungsbereich am Westhang des Mühlenberges, Blick nach Süden, mit zu Podien gestaltetem Gelände

55 a - Raseneisenerz nach dem Auffinden; b - Pochen und Klassieren des gerösteten Erzes

Bei den untersuchten Gruben wurde eine Funktionszuweisung nach Form und Inhalt vorgenommen.[89] Als Röstgruben zur Aufbereitung des Raseneisenerzes werden zwei Gruben mit Holzkohle und Raseneisenerz anzusehen sein. Des Weiteren können fünf als Ausheizherde zur Verarbeitung des Eisenschwammes zu schmiedbarem Eisen bezeichnet werden, da sie Holzkohle und kleinstückige Schlacke enthielten. Rostrote Grubenfärbungen sind als Lager aufbereiteten Erzes interpretiert worden. Und letztlich wiesen dunkle Färbung und Anreicherung mit Holzkohle auf Grubenmeiler hin.

Gewusst wie

Der Herstellung des Eisens gingen die Holzkohleerzeugung in Grubenmeilern sowie das Auffinden, der Abbau und der Transport der Erze voraus.

Als Ausgangsstoff der Eisengewinnung im norddeutschen Tiefland gilt das am Rande feuchter Niederungen tagesnah anstehende Raseneisenerz.[90] Da die Qualität dieses Ausgangsstoffes das Schmelzergebnis entscheidend beeinflusst, war eine arbeitsaufwändige und komplizierte Aufbereitung des quarzhaltigen Erzes auch in spätrömischer Zeit unerlässlich (Abb. 55).[91]

Die Entscheidung über die Eignung der anstehenden Erze gelang den Schmelzern offenbar schon durch Autopsie. Dem Waschen und Handscheiden an der Fundstelle folgten der Transport und das Rösten (Entfernen organischer Bestandteile und des Hydratwassers), das Pochen (Zerkleinern) und Klassieren (Sortieren nach Eisengehalt und Größe). Erzlagerstellen und Röstgruben sind aus Zethlingen bekannt. Holzkohle entstand in den beschriebenen Grubenmeilern, die ebenfalls gefunden wurden.

Der Verhüttungsprozess

Um die Erzeugung von Eisen im Rennverfahren zu verstehen, sind einige naturwissenschaftlich-metallurgische Erläuterungen notwendig.

Rennfeueröfen wurden mit einem Gemisch aus Erz und Holzkohle beschickt und wahrscheinlich mit natürlichem Zug betrieben. Die Eisengewinnung im Rennofen[92] erfolgt durch Reduktion der Eisenoxide zu Eisen im festen Zustand. Das Sintern der Eisenpartikel (Verbacken) führt zum Entstehen der Luppe kurz unterhalb der Düsen.

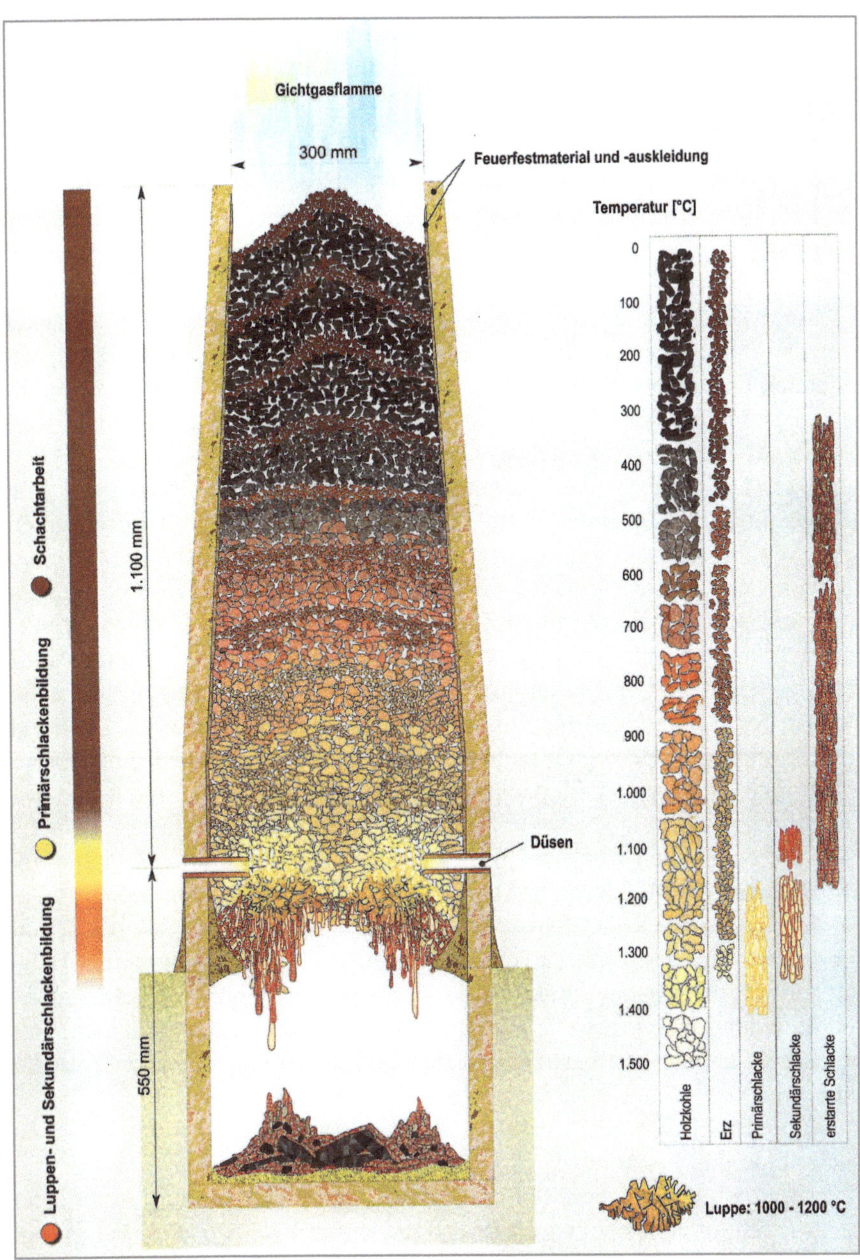

56 - schematische Darstellung eines Rennofenprozesses

Gleichzeitig bildet ein Teil des Eisenoxids, das nur bis zum Wüstit (FeO) reduziert wurde, mit dem im Erz enthaltenen Begleitmineral, der Gangart (im Raseneisenerz vor allem Quarz = SiO_2), eine niedrigschmelzende, fayalithische Schlacke (2 FeO x SiO_2).[93] Diese fließt in die Herdgrube ab und wird zum so genannten Schlackeklotz. Als Wärmelieferant und Reduktionsmittel dient Holzkohle. Im Düsenbereich des Rennofens werden während des Prozesses Temperaturen von ca. 1300° C erreicht (Abb. 56/57).

Analysen der in Zethlingen archäologisch geborgenen Schlacken zeigen, dass es sich um fayalithische Schlacken handelt, die noch geringe Mengen an weiteren chemischen Verbindungen[94] enthalten. Diese Schlackenbestandteile sind mit dem Erz in den Rennprozess gekommen. Kalk wurde als Zuschlagstoff nicht verwendet.

Das Endprodukt des Rennofenprozesses ist die Rohluppe, eine schwammartige Eisenmasse mit Schlackeneinschlüssen und Hohlräumen. Zur Weiterverarbeitung muss die Luppe in einem Ausheizherd erneut erwärmt und ausgeschmiedet werden, um die Schlackenverunreinigungen auszutreiben und die Hohlräume zu verschweißen. Das Eisenausbringen einer Rennofenschmelze ist damit im Wesentlichen abhängig vom Anreicherungsgrad und der Kompaktheit des Eisens in der Luppe sowie der Kunst des Schmiedes, die Zunder- und Trinnereisenverluste (Abplatzen der Randpartien) gering zu halten. Neben diesen Faktoren wird das Eisenausbringen einer Rennofenschmelze auch hauptsächlich durch die Beschaffenheit der eingesetzten Eisenerze bestimmt. Aus diesen Gründen sind Berechnungen zur Eisenproduktion von Rennöfen allein anhand von Ausgrabungsbefunden mit hohen Unsicherheiten behaftet.

Im Laufe der Rennofenversuche wurden Luppen von 2,4 bis 5,7 kg hergestellt, die der weiteren Bearbeitung zugeführt werden konnten. Dabei hatte die Qualität der eingesetzten Erze das jeweilige Schmelzergebnis entscheidend beeinflusst.[95] Raseneisenerze minderer Qualität sind nur nach aufwändiger Aufbereitung verhüttbar, wobei natürlicher Zug bei der angewandten Technologie im beschriebenen Ofentyp ausreicht.

Schmiede das Eisen ...
Die in den Versuchsrennöfen erzeugten Luppen wurden ausgeschmiedet, um die Weiterverarbeitbarkeit des so erzeugten Eisens nachzuweisen und Aussagen über seine Warmverformungseigenschaften zu erhalten.

57 a - Lehmmantel des Rennofens von ca. 1,5 m Höhe; b - Einsatzstoffe Holzkohle und hier Feinerz; c - aus dem Rennofen entnommenes Luppeneisen

58 - aus experimentellen Rennfeuerluppen geschmiedete Halbzeuge und Replikate aus Zethlingen (Lanzenspitze, vgl. Abb. 87) und aus Mechau, Altmarkkreis Salzwedel (Beil), durch den niederländischen Schmied Thijs van de Mannaker, Helenaveen

59 a - Sortiment sichelförmiger Eisenmesser, sog. Rasiermesser, und b – Eisenmesser mit gerader Angel

Letztendlich gelang es, maßgetreue Repliken entsprechend archäologischer Fundstücke zu schmieden, was höchste Anforderungen an das Können des Schmiedes stellte und die Fähigkeiten der Altvorderen auf eindrucksvolle Weise verdeutlicht (Abb. 58).[96]

Auch in Zethlingen zeigen Funde von Granalien in Ausheizherden, dass germanische Schmiede die Schlackeklötze zerschlugen, um restliches Erz und kleine gesinterte, also zusammengebackene, Eisenstücke zu recyceln und diese dem Rennprozess wieder zuzuführen. Aus den Luppen und größeren Granalien entstanden in Ausheizherden durch Umschmieden, Entfernen der Schlackenreste und Feuerschweißen Eisenteile, die zu Gerätschaften, Waffen und Schmuck weiterverarbeitet wurden. Allem Anschein nach steht das zweite der in Zethlingen untersuchten Häuser mit zahlreichen Schlackefunden, einschließlich des vor dem Bauwerk liegenden großen Feldsteines – evtl. ein Ambossstein[97] - in diesem Zusammenhang (s. o.).

Einen direkten Hinweis auf ausgeübtes Schmiedehandwerk stellt der Fund eines Gesenks aus Neuendorf (westlich von Zethlingen) dar. Der relativ geringe Fundus an eisernen Gegenständen (Werkzeugen, Geräten und Waffen) macht deutlich, wie hoch der Anteil umgeschmiedeter, schadhafter Eisengerätschaften gewesen sein muss (Abb. 59). Damit zeigt sich zugleich, welch hohen Wert die aufwändig herzustellenden Eisenobjekte für ihre Besitzer hatten und wohl auch das Wissen um die schwindenden Rohstoffressourcen.

Die experimentell gewonnenen Ergebnisse zum Zeit- und Personenaufwand für Eisenschmelzen veranschaulichten, dass hinter einer erfolgreichen Eisenproduktion ein eingespieltes Team erfahrener Hüttenwerker stehen musste. Gewinnung, Transport und Aufbereitung der Rohstoffe Erz, Holz und Lehm, Ofenbau, Schmelze und Ausschmieden nahmen mehrere Personen etwa zwei bis vier Monate in Anspruch, geht man von mehreren Ofenreisen pro Saison aus. Der lange Aufenthalt an der Produktionsstätte erklärt auch die Notwendigkeit von Gebäuden in Nähe der Anlagen.

Berufsgeheimnis

Der Bau und die Bedienung der Rennöfen setzten technologische Spezialkenntnisse voraus, die nur der jeweils nachfolgenden Generation vermittelt wurden.[98] Der Sonderstatus der Hüttenleute innerhalb der Gemeinschaft ist auch am Beispiel der speziellen Grabkennzeichnung (Schmiedegräber, s. u.) abzulesen.

Zahlreiche Eisenschmelzstätten in der Altmark zeigen zugleich einen Anstieg der Eisengewinnung in diesem innergermanischen Großraum während der spätrömischen Kaiserzeit an (Abb. 98).

Raseneisenerzlagerstätten sind heute in der Altmark in nennenswertem Umfang nicht (mehr) vorhanden.[99] Die jetzt noch auffindbaren Reste minderer Qualität genügen den Anforderungen des Rennprozesses nicht.[100] Daher ist eine Ausbeutung der einstigen Lagerstätten durch die intensive Eisenproduktion des 3. Jahrhunderts als einer der Faktoren in Erwägung zu ziehen, der zum Verlassen des altmärkischen Siedlungsraumes geführt haben könnte.

Limesübergreifend
Verbindungen und Auseinandersetzungen mit Rom

Zwar liegt Zethlingen nicht im Grenzgebiet zu den römischen Provinzen, dennoch ist der Einfluss Roms selbst bis zum Mühlenberg spürbar. Einige Erläuterungen zu den politischen und wirtschaftlichen Verhältnissen sollen vorausgeschickt werden, um das römisch-germanische Umfeld näher zu beleuchten.

Das Römische Imperium, seit den Jahrzehnten um Christi Geburt direkter Nachbar der Germanen, blieb stets Ziel germanischer Begehrlichkeit.[101] Die römische Zivilisation übte offenbar Einfluss auf die Bevölkerung Innergermaniens aus, der insbesondere in Kreisen der gesellschaftlichen Oberschicht sichtbar wird. Nicht nur das milde Klima, auch die Kultur, die gesamte wirtschaftliche Kraft einschließlich der ausreichenden Versorgung der Bevölkerung mit Nahrungsmitteln, blühende Gemeinwesen, Infrastruktur sowie die Möglichkeit, in römische Dienste zu treten und so am Wohlstand teilzuhaben, war über Jahrhunderte eine Verlockung mit Sogwirkung. Die daher rührenden, fortwährenden germanischen Übergriffe auf das römische Reichsgebiet führten zum konsequenten Ausbau der Grenzbefestigung, des Limes, mit einer dichten Kette von Militärlagern.

Andererseits versuchten die Römer zu Beginn des ersten nachchristlichen Jahrhunderts das germanische Gebiet zwischen Rhein und Elbe dem Reich als eine weitere Provinz einzuverleiben, was nach der Schlacht im Teutoburger Wald im Jahre 9 n. Chr. und nachfolgenden, ebenfalls misslungenen Vorstößen schließlich aufgegeben wurde. Die politische Einflussnahme bis nach Innergermanien wurde jedoch auf diplomatischem Wege weiterhin betrieben. Die Motive für gegenseitige Kontakte hingen von den jeweiligen Interessen der Vertragspartner ab. So steht das wiederholte Ersuchen germanischer Stämme um Aufbau und Unterhaltung von Handelsbeziehungen dem von römischer Seite gezielt eingesetzten Entzug wirtschaftlicher Kontakte gegenüber.[102] Einige Stämme zwischen Rhein und Elbe wurden zu Tributzahlungen an Rom veranlasst, andere von Steuerzahlungen befreit, dafür jedoch zur Stellung von Hilfstruppen oder Geiseln verpflichtet.[103]

In den von den Auswirkungen der Markomannenkriege geprägten Jahrzehnten des ausgehenden 2. sowie im folgenden Jahrhundert - Zeiten relativer Ruhe zwischen Rom und Germanien - werden die vom Kriegs-geschehen nicht unmittelbar betroffenen innergermanischen Gebiete dann Ziel eines verstärkten Handels und römische Einfuhrwaren nunmehr allge-mein verbreitet. Bei den germanischen Gegenleistungen ist an ‚Dienste' im weitesten Sinne, besonders an militärische Hilfe, zu denken. Hier sind erstrangig die germanischen Kontingente der unter römischem Befehl agierenden Hilfstruppen zu benennen. Doch dürfte Rom auch unter den Germanen Verbündete gegen romfeindliche Stämme gefunden und diese Hilfe belohnt haben,[104] was wiederum zu innergermanischen Konflikten führte. Nach den Markomannenkriegen gelangten ständig mehr germani-sche Adlige und andere Nichtrömer in führende militärische und politi-sche Positionen des Reiches.

Erneute Völkerbewegungen um die Mitte des 3. Jahrhunderts infolge wirtschaftlicher, politischer und ethnischer Konflikte über die Grenzen ih-res bisherigen Siedlungsgebietes hinaus verbanden viele Regionen Ger-maniens[105] und ließen Stämme und Stammesteile in südliche Richtung aufbrechen. Die Krise des römischen Imperiums begünstigte diese allge-meinen Wanderbewegungen. Gemeinsames Ziel bildeten zum wiederhol-ten Male die reichen römischen Grenzgebiete. In den Jahren 231-233 n. Chr. überwanden Germanen den Limes auf breiter Front. Bereits vor dem endgültigen Zusammenbruch der römischen Grenzverteidigung um 259/60 n. Chr. und danach stießen germanische Stammesteile immer wieder tief in die römischen Rheinprovinzen und nach Ostgallien[106] vor, machten reichlich Beute und nahmen sie in ihre Stammesgebiete mit. Als Beispiel sei das Gefäßdepot von Grieben, Ldkr. Stendal, angeführt, das mutmaßlich bei einer missglückten Elbüberquerung über Bord ging.[107]

Vermutlich führte die stets bestehende ungebrochene wirtschaftliche Anziehungskraft des Imperiums auch noch im folgenden Jahrhundert zum Abzug weiterer germanischer Bevölkerungsteile in südlicher Richtung.

Gefragte Waren

Gegenstände aus dem römischen Reich und dessen Provinzen, die in Germanien nicht oder nicht so qualitätvoll herzustellen waren, erfreuten sich hier allgemeiner Beliebtheit. Sie waren begehrt, da nicht für jeder-mann erschwinglich. Und sie verkörperten - nach heutigen Vorstellungen - wohl ein Stück hochstehender Zivilisation bzw. römischer Lebensart.

Das Gros der römischen Altsachen entstammte den Gräbern ihrer ehe-maligen germanischen Besitzer. Die Zeitspanne zwischen der Herstellung im (provinzial-)römischen Gebiet und der Mitgabe ins Grab umfasst etwa eine Generation, so dass der Erwerbende offenbar mit diesen Stücken bestattet wurde. Auch Metallgefäße dienten dabei als Urne (Abb. 60).

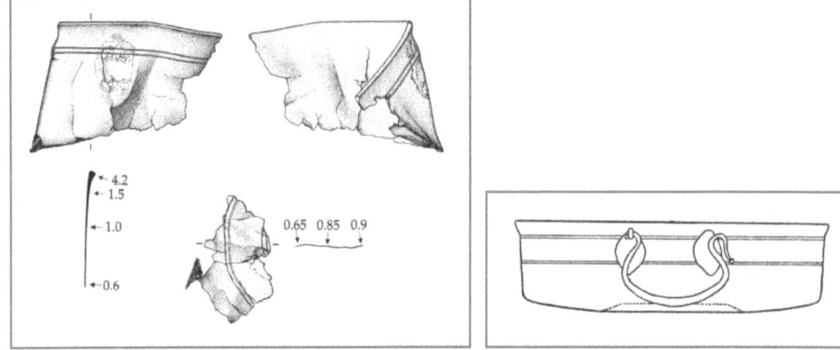

60 a - provinzialrömisches, steilwandiges Bronzebecken als Grabgefäß, vom Pflug erfasst und zerrissen; b - Skizze eines entsprechenden Prototyps (Eggers Typ 78[108])

Aus Siedlungen kommen ebenfalls Fundstücke römischer Herkunft. Wurden diese Wohnplätze aufgegeben, nahmen die Bewohner alles Wertvolle und Intakte mit. So verblieb allenfalls Verlorenes, Weggeworfenes oder bewusst Niedergelegtes an der späteren Fundstelle.

Unter den Möglichkeiten des Erwerbs steht der Handel vornan, gefolgt von Geschenken, Raubgut, Kriegsbeute, Bestechungsgeldern, Subsidien[109] und all dem, was Germanen aus dem Reich, z.B. als Soldaten, mit nach Hause brachten.[110] Da offenbar nicht jedermann an diese Importe gelangen konnte, entstanden einheimische Nachahmungen als eine Art Ersatz, z. T. aus artfremdem Material, so z. B. römische 'Bronze'kessel aus Ton (Abb. 61).

Manches spricht dafür, dass ,Regionalchefs' germanischer Machtzentren die Warenmengen erhielten, über das Einbehalten wesentlicher Stücke entschieden, den übrigen Teil an Unterzentren verteilten und diese wiederum in gleicher Weise verfuhren.[111]

Die Verteilung der römischen Funde schwankt von Region zu Region recht stark.[112] Ursachen liegen in der Intensität und den Motiven der Kontakte der seinerzeitigen Bewohner zum Imperium und an dessen politischem Interesse. Doch ist die Altmark ein Gebiet mit auffallend vielen römischen Stücken.

61 - Keramikurne mit ‚Ringhenkeln und Ösenattaschen' auf der Gefäßschulter als Adaption eines römischen Bronzekessels
62 - Boden einer ‚Fensterurne' mit eingesetzter Scherbe eines römischen Glases
63 - Kollektion provinzialrömischer Tonperlen mit oxidgrünem Fayenceüberzug

Römisches Sortiment

Die provinzialrömischen Einfuhrwaren aus Gräbern des Zethlinger Friedhofs zeigen ein breit gefächertes Spektrum.[113] Größere Buntmetallgefäße blieben durch ihre Verwendung als Graburne zur Aufnahme der menschlichen Scheiterhaufenreste erhalten. Kleinere Behältnisse zerstörte der Scheiterhaufenbrand.

Bei Bruchstücken aus der Siedlung, so auch aus Zethlingen, scheint es sich um Rohmaterial germanischer Feinschmiede zu handeln.

Im Gegensatz zur Verwendung im Bestattungsbrauch steht das Zertrennen oder Einschmelzen römischen Edel- und Buntmetalls für die einheimische Schmuckherstellung. Es ist fraglich, ob nur unbrauchbar gewordenes Geschirr in den Schmelztiegel wanderte oder umgearbeitet wurde. Uns bleiben die Auswahlkriterien zwischen Statusobjekt und Rohstoff verborgen.

Glasgefäße sind nur in Bruchstücken oder Schmelzresten vorhanden. Bei den Fensterurnen, germanischer Keramik mit eingefügten Scherben römischer Trinkgläser, stellt sich derzeit die Altmark als fundreiches Gebiet dar, allein fünf dieser Gefäße kommen aus Zethlingen (Abb. 62).

Römischer Schmuck tritt in vielgestaltiger Form auf: Scheiben- und Bügelfibeln, Fingerringe, Anhänger und Glaseinsätze, zumeist aus Gräbern. Emailscheibenfibeln (Abb. 64) trafen anscheinend gerade in Zethlingen den Geschmack ihrer Abnehmer. Dem schmückenden Charakter zufolge wird davon ausgegangen, dass vorwiegend Frauen ihr Gewand oder ihren Umhang damit vor der Brust verschlossen.

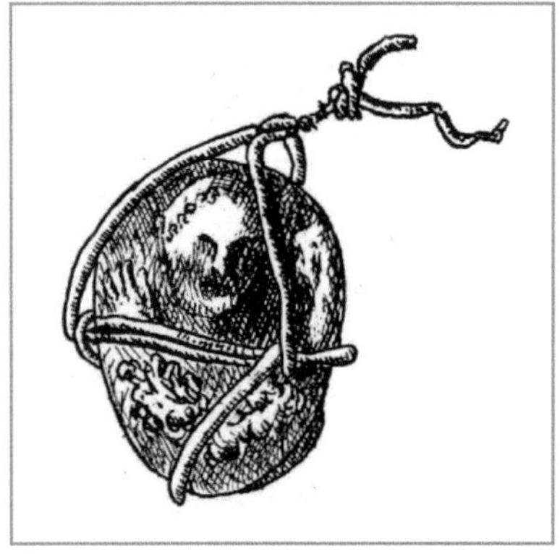

64 - konzentrisch gegliederte Emailscheibenfibeln aus Bronze und einst mehrfarbigem, branddeformiertem Glasemail.

66 - massiv gegossenes Bronzetrampeltier, sekundäre Bronzedrahtschlinge als Anhänger

65 - dunkelgrüne Glaskamee[114] eines reliefierten, jugendlichen Köpfchens mit erhobenen Händen und floralem Schmuck als Anhänger, sekundär in Bronzedraht gefasst

Der Anhängeschmuck umfasst neben römischen Originalstücken auch solche in germanischer Zweitverwendung, so z. B. ein grob in Draht gefasstes Glasporträt als Schmuckstein oder eine kleine Tierplastik (Abb. 65/66).

Zu den Ketten zählen Glasperlenkolliers in vielgestaltigster Form, z. B. auf Flachsfäden gezogen, die zahlenmäßig reichste römische Fundgruppe in Zethlingen. Allein die gefundene Menge zeigt, dass Glasperlen breiten Schichten der Bevölkerung zugänglich waren; ähnlich verhält es sich mit Fayenceperlen (Abb. 63).

Selbst militärische Ausrüstungsgegenstände, so Teile der Tragevorrichtungen des Schwertes sowie des Riemenzubehörs, sogar Kettenpanzer (Abb. 67/68) erreichten Zethlingen.

Provinzialrömische Waffen und Ausrüstungsteile müssen als Handelsgut zwischen Rom und Germanien wohl ausgeschlossen werden; mehrheitlich dürfte es sich um Beutegut, illegale Erwerbungen bzw. persönliche Ausrüstung der Hilfstruppler gehandelt haben.

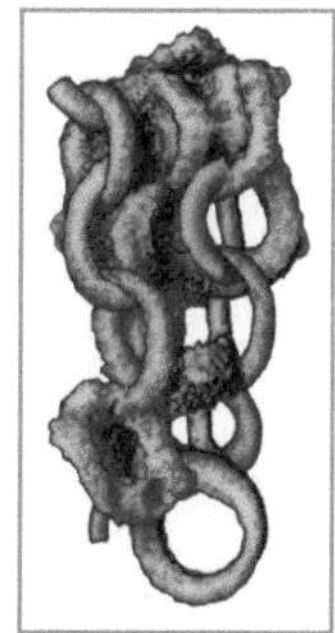

67 – Schmuckbeschlag eines römischen Gürtelriemens vorwiegend militärischer Verwendung aus Bronze mit Zinnauflage, wohl Löthinterfüllung abgeschmolzener Edelmetallauflagen. 68 – Fragment eines eisernen römischen Kettenhemdes aus einem Zethlinger Brandgrab

Eine häufig erwähnte Sachgruppe sind römische Münzen. Ihr Wert für die Germanen lag sehr wahrscheinlich im reinen Metallgehalt begründet.

Hier in Zethlingen wurden sie bislang nicht gefunden, da sie möglicherweise in die Schmelztiegel des Feinschmiedes gelangten.

‚Illegaler' Import

Die von römischer Seite bestehenden Verbote des Waffenhandels mit Germanien bedeuteten allerdings nicht, dass ein solcher illegal dennoch existierte. Gerade römische Kettenpanzer oder Schwerter als Statussymbole hoben die elitäre Stellung des germanischen Trägers besonders hervor und waren daher sicher bei einheimischen Anführern begehrt.[115] Ihre Wirkung verfehlten sie selbst bei innergermanischen Konfrontationen nicht. Auch Beutestücke aus Scharmützeln mit Truppen des Kaiserreichs sind in Erwägung zu ziehen, etwa bei Beteiligung aus der nordwestlichen Altmark stammender Krieger am germanischen Ansturm auf die römischen Grenzbefestigungen (Limes) und dessen Einnahme (233-266 n. Chr.). Ebenso ist an den Dienst in den Verbänden der kaiserlichen römischen Armee, den Hilfstruppen (Auxilliareinheiten), zu denken. Selbst nach Abschied aus dem römischen Heer dürfte der Besitz nur selten legal gewesen sein. Und noch eine weitere Facette kommt hinzu: Raub von Menschen, die über handwerkliche Spezialkenntnisse verfügten, oder Entsendung entsprechender Spezialhandwerker im Dienste der Diplomatie.[116]

Vergängliches Einfuhrgut

Die Ausstrahlung der römischen Zivilisation begann offensichtlich in immer weitere Bereiche des germanischen Lebens vorzudringen.

Der Fund von Koriander, einem mediterranen Gewürz, in einem Brunnen von Klötze, Altmarkkreis Salzwedel (s. o. und Abb. 37), deutet indes das Vorkommen einer Reihe weiterer organischer (provinzial-)römischer Güter an, die ebenso limesferne Gebiete Germaniens erreichten. Allen gemein ist, dass sie aufgrund ihres schwierigen Nachweises angesichts ihrer Vergänglichkeit archäologisch nur selten fassbar sind. Dazu zählen z. B. organische Substanzen im weitesten Sinne wie Pflanzen, Edelhölzer und Holzgegenstände, Gewürze, textile Stoffe, Pelze, Häute und Federn exotischer Tiere, Farbstoffe, Ingredienzien der Kosmetik und der Medizin, Getränke, Delikatessen und andere ‚Luxus'-Artikel.

Die Übernahme römischer Lebensweise wird auch ‚bei Tisch' deutlich. Zur römischen Trinksitte gehört ein charakteristischer Geschirrsatz, bestehend aus Eimer, Kelle, Sieb, Trinkgläsern oder Bechern. Kelle und Sieb gab es auch in einem Zethlinger Grab (Abb. 69).

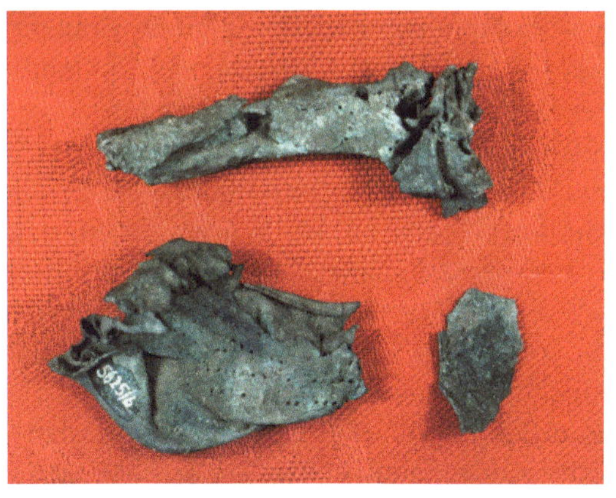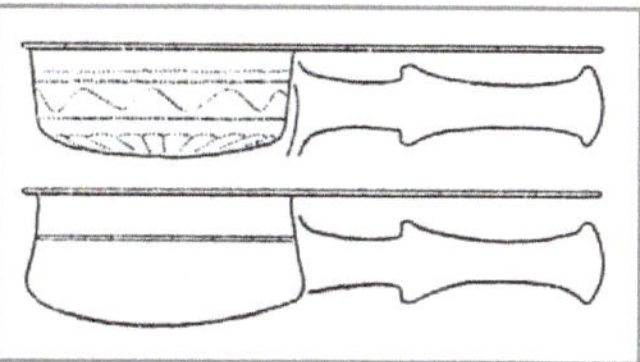

69 a - branddeformierte Fragmente einer importierten Kelle-Sieb-Garnitur als Teil eines römischen Trinkgeschirrs; b – Skizze des entsprechenden Prototyps (Eggers Typ 161[117])

70 - Scherben einer provinzialrömischen reliefverzierten Terra Sigillataschale, deren Scherben einst auf dem Gräberfeldgelände verstreut wurden

Speisen, in Reibschalen zubereitet, mit Gewürzen wie Koriander abgeschmeckt und in Terra Sigillataschalen[118] serviert (Abb. 70), legen eine Nachahmung ‚römischer Esskultur', Kenntnis der römischen Küche und deren Speisenzubereitung sowie die Existenz römischer Spezereien nahe.[119]

Es ist nicht festzustellen, inwiefern römisches Gedankengut importiert wurde, doch dürfte der Aufenthalt von Germanen im Imperium oder seinen Provinzen noch weitere Vorteile mit sich gebracht haben. Hier ist neben ‚Wirtschaftsspionage', an die Entführung von Fachleuten und den Arbeitseinsatz von Kriegsgefangenen und Geiseln auch an unterschiedliche Formen des Technologietransfers[120] zu denken.

Die Vielzahl römischer Importsachen unterstreicht die guten Kontakte der einstigen Siedler Zethlingens (wie auch der Altmärker des Umlands) zu Händlern provinzialrömischer Waren und damit zum Imperium.

Nicht unerwähnt bleiben sollen relativ kleinräumige Verteilungsunterschiede römischer Produkte zwischen Ost- und Westaltmark, so in den vorhandenen Gefäßtypen aus Buntmetall oder in den Schmuckarten, v. a. in Emailscheibenfibeln, Fingerringen und Anhängern. Dies setzt politisch wie auch zeitlich voneinander abweichend gestaltete Verbindungen beider altmärkischer Regionen zu Rom voraus, die vermutlich auf Volksgruppen oder Stammesteilen unterschiedlicher Herkunft mit jeweils eigenständigen Traditionen fußen. Die konkreten Beweggründe dieser ungleich gestalteten Kontakte blieben jedoch letztlich unbekannt.

Ritus und Kult

"Hier bestimmt Odin, daß man alle toten Männer verbrennen und mit ihrem Eigentum auf einen Holzstoß legen solle. Denn jeder werde mit den Reichtümern nach Walhall kommen, welche er auf dem Holzstoß habe. ... Die Asche solle man ... in die Erde graben."[121]

Der Umgang mit den Verstorbenen und die Fürsorge für deren Aufenthalt im Jenseits sind nur einige Aspekte, die unter den Sammelbegriffen Kult und Ritus erfasst werden. Aus der Sicht des heutigen Menschen lassen sich allein die archäologisch erkennbaren Merkmale, die der Bestattungsritus hinterließ, wahrnehmen. Die Hintergründe, religiöse Vorstellungen und Motive dieser rituellen Handlungen bleiben uns verborgen.

Tiere als Götterbilder und magische Zeichen

Tiere nahmen im Rahmen der Kult- und Opferpraktiken eine besondere Stellung ein. Entsprechend der Funde kam dem Eber eine hohe Wertschätzung zu. Er wird häufig mit dem Fruchtbarkeit spendenden Gott Freyr in Verbindung gebracht.[122]

71 - Eberfibel aus Bronze. Vorderseite mit Rückständen der Zinnauflage als Löthinterfüllung des im Scheiterhaufenfeuer abgeschmolzenen Pressblechs

Einige Schmuckfibeln in Eberform (Abb. 71), aber auch die Tierplastik von einer Trinkhornkette (Abb. 49) und die in Zethlingen nachgewiesene Tierhaltung auffallend vieler männlicher Schweine unterstreichen dies. Die auf provinzialrömischen Fibeln exotischer Tiere fußenden germanischen Gewandspangen mit einheimischen Tieren stellen Arten dar, die nach der später überlieferten germanischen Mythologie von Bedeutung waren, z.B. der Eber Gullinbursti des Fruchtbarkeitsgottes Freyr.[123] Der

Unheil abwehrende Amulettcharakter dieser Tiere und ihre rituelle Rolle in der germanischen Vorstellungswelt ist unumstritten, ebenso die Darstellung des Tiers als charakteristisches Attribut des Gottes anstelle der Gottheit selbst.[124]

Tierbeimischungen von Pferd, Rind, Hirsch und Hund in Gräbern erwachsener Frauen und Einzeltierbestattungen werden als Tieropfer im Zusammenhang mit der Bestattungszeremonie gewertet. Die Tiergräber mit Inventarteilen der menschlichen Tracht[125] sind jedoch dem Bereich der geistigen Vorstellungswelt, einem besonderen Totenritual zuzuordnen, das offenbar darauf gerichtet war, die Tiere wie Menschen oder an deren Statt zu bestatten (oder zu opfern?). Diese Gräber enthielten ebenfalls Leichenbrand vom Hirsch, Rind oder Pferd und vom Hund.

Dem Totenritual ist ebenso eine Terra Sigillataschale (Abb. 70), rottonige römische Keramik, zuzuschreiben, die erst dem Scheiterhaufenfeuer ausgesetzt und ihre Bruchstücke dann über den Friedhof verteilt wurden.[126] Bekannt ist die Verwendung von Räucherharzen im Totenkult. Die als Urnenharz bezeichneten, leicht brennbaren Pechrückstände zeigen häufig Abdrücke von Zähnen (Abb. 21), Papillarlinien, Haut und auch Textilien (Abb. 43).[127] Diese Harze gehörten zur Totenkult – wie und wofür genau ist noch immer unbekannt.

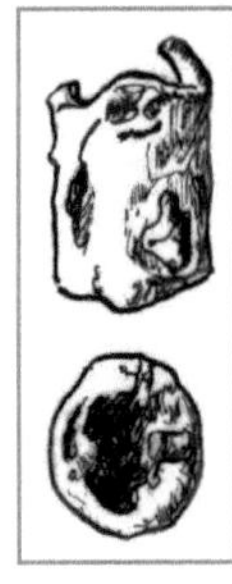

72 - eiserner Eimeranhänger mit zerbrochenem Bügel, dessen ursprünglicher Inhalt verloren ging.
73 - sog. Orakelstäbchen aus Bronze

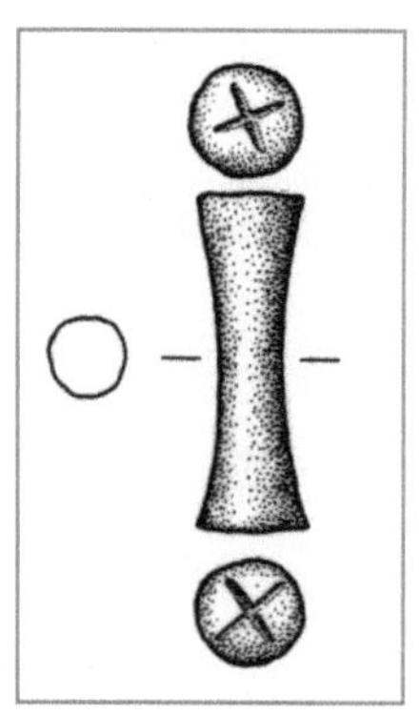

Magische Zeichen auf Schmuckstücken oder Gefäßen, stilisierte menschliche Darstellungen, z. B. erhobene Hände (Abb. 31), und andere Symbole, oder die Verwendung von Fensterurnen (Abb. 62), sind wohl in ihrer Zauber bzw. Unheil abwehrenden Bedeutung zu sehen. In diesen Zusammenhang gehören auch von jungen Frauen getragene, mit vergänglichem, uns unbekanntem Material gefüllte Amulette, wie Eimer- oder Kapselanhänger, die der Fruchtbarkeit dienen sollten (Abb. 72).[128] Gleiches wurde den Anhängern in Form von Miniaturgeräten (Scheren, Messer) zugesprochen.

Ob ein bronzenes Orakelstäbchen (Abb. 73) einer weisen Frau gehörte, ist angesichts fehlender Leichenbrandanalyse und charakteristischer Inventarteile fraglich. Einen anderen Aspekt zeigt die Beigabe eines sog. Röhrenhenkelgefäßes (Abb. 38), das bei der Alkoholherstellung Verwendung fand. Und dieser dürfte wiederum bei rituellen Zeremonien konsumiert worden sein.

Hinweise auf (Moor-)Opferplätze oder Heiligtümer fehlen. Die Nähe vom Verbrennungs- und Bestattungsplatz auf dem markanten Berg zu dem südlich vorgelagerten, moorigen Gebiet lässt jedoch auch hier Orte für weitere Riten vermuten.[129]

Die Begräbnisstätte

Auf diesem zentralen Friedhof wurden nach der hohen Gräberzahl – wie oben bereits ausgeführt - in den gut 200 Jahren seiner Belegung nicht nur die Verstorbenen der nahe gelegenen Siedlung, sondern offenbar auch die der umliegender Dörfer bestattet. Die tatsächliche Größe des Einzugsbereichs bleibt jedoch unbekannt.

Die ältesten Begräbnisse erfolgten zu Beginn des letzten Drittels des 2. nachchristlichen Jahrhunderts. Die letzten Beisetzungen kamen nach dem derzeitigen Kenntnisstand etwa gegen Ende des 4. Jahrhunderts in die Erde.

Der Bestattungsplatz dehnte sich im Laufe der Zeit über die Fläche des gesamten ehemaligen Mühlenbergs aus. Heute ist Zethlingen die am umfangreichsten dokumentierte spätkaiserzeitliche Nekropole der Altmark (Abb. 74).

Die Belegungsdichte variiert zwischen mehreren Bestattungen auf einem Quadratmeter und Bereichen mit weit verstreut liegenden Gräbern. Diese Häufungen können familiäre bzw. dörfliche Bindungen darstellen, die innerhalb des Friedhofsareals 'eigene' Bestattungsplätze innehatten.

Rechnerisch verteilen sich die ca. 1.900 aus den Gräbern bekannten Personen auf bis zu zehn Generationen à 25 Jahre und ergeben damit etwa 200 gleichzeitig Lebende. Die unbekannte Anzahl zerstörter und damit verloren gegangener Bestattungen – es dürfte eine hohe dreistellige Ziffer sein - erhöht diese angenommene Personenzahl abermals.

74 - der Mühlenberg von Süden aus der Niederung
75 - (links) Beisetzung in einem organischen, vergangenen Behältnis; im Leichenbrand ist eine grün oxidierte Bronzefibel erkennbar
76 - (rechts) Urnengrab mit Schutz aus Steinplatten

77 - teilweise an der Kiesgrubenkante abgestürztes Grab mit Decksteinen
78 - Grabgefäß unter einer dicht verschließenden Deckplatte, der Gefäßrand bildete sich auf der Unterseite des Steins (links daneben) als grauer Ring ab

Die Gräber

Bestattungen in Keramikurnen überwiegen bei weitem. Als Grabbehälter fanden sowohl Gebrauchsgeschirr als auch feinere Ware, darunter fünf Fenstergefäße (Bruchstücke römischer Gläser in der Gefäßwandung), eine auf der Drehscheibe hergestellte Schale sowie eine aus den römischen Rheinprovinzen stammende Bronzeschale Verwendung.

Mehr als ein Drittel dieser Gefäße war bereits durch Gebrauch abgenutztes Küchengeschirr. Daneben gab es Leichenbrandhäufchen als Reste von Beisetzungen in organischen, längst verrotteten Behältern aus Leder, Fell, Stoff, Holz, Korb etc. (Abb. 14/75) oder Bestattungen ohne Behältnis.

In unterschiedlicher Tiefe angelegte Grabgruben, die die Urne aufnahmen, sind anhand von Verfärbungen im Sandboden selten erkennbar. Sie konnten sich nur abzeichnen, wenn bei der Beisetzung größere Mengen Holzkohle und/oder Asche vom Scheiterhaufen bzw. besondere Substanzen, wie z. B. Rötel (s. u.), in die Grube gelangten, wie vereinzelt zu beobachten war.[130] Häufig umgeben schützende Steine unterschiedlicher Anzahl und Anordnung die Urnen (Abb. 76-78). Bei der Neuanlage von Bestattungsgruben kam es mitunter zur Zerstörung älterer Gräber.

Ein Auslegen der Grabgrube mit Pflanzen u. ä. ist vorstellbar. Denn mit Rötel ausgestreute Grabgruben (s. u.) lassen auch andere, heute nicht mehr nachweisbare organische Auskleidungen als möglich erscheinen. Eine oberirdische Grabkennzeichnung war nicht (mehr) erkennbar, sollte aber vorhanden gewesen sein.

Scheiterhaufen

Allein rings um den Zethlinger Mühlenberg waren für die Einäscherung der o. g. Personenzahl mindestens zwischen 5.000 und 7.000 Raummeter Scheiterhaufenholz nötig. Auch diese Holzentnahme wird das Umfeld der Dörfer verändert haben.

Unbekannt ist, ob die Menschen damals jedes beliebige zur Verfügung stehende Holz aus den angrenzenden Wäldern einschließlich Abfallhölzer verwendeten oder ob sie das Brennholz bestimmter Holzgattungen gezielt auswählten bzw. ob die Größe des errichteten Scheiterhaufens im Verhältnis zur Position der verstorbenen Person innerhalb der Gemeinschaft stand.

Einige spätkaiserzeitliche Holzkohlefunde aus Gräbern bestehen hingegen vorwiegend aus Rotbuche- und/oder Eiche.[131]

Für die zurückgelassenen Überreste der Einäscherung ist ein Verbleib am Verbrennungsplatz ebenso in Erwägung zu ziehen wie eine Deponierung an dritter, unbekannter Stelle.

Der archäologische Nachweis eines Scheiterhaufens gelang, wenn überhaupt, im nördlichen Friedhofsteil. Dort waren größere Steinpflaster mit Holzkohle und verbrannten Knochenresten anzutreffen, möglicherweise Verbrennungsplattformen. Zudem beobachtete ein Zethlinger Bürger vor ca. 50 Jahren beim Kiesabbau das Zerstören einer etwa 2 m breiten und 1 m mächtigen, von Holzkohle und Knochen durchsetzten, Ascheschicht, die seitlich von Steinen begrenzt war - vielleicht ein ehemaliger Scheiterhaufen?

Die Experimente hatten gezeigt, dass eine ebenerdig und ohne Steinpflasterung errichtete Verbrennungsstätte im darunter liegenden Erdreich keine bleibenden Spuren hinterlässt. Hatten die Altvorderen einst vorwiegend derart kremiert, ist ein Auffinden dieser Plätze heute nahezu unmöglich.

Der Brandritus und viele Fragen

Grabfunde geben Auskunft zu wichtigen Aspekten des Totenkultes. Da alle Verstorbenen auf dem Scheiterhaufen eingeäschert wurden, gingen durch den Brandritus im Vergleich zur Körperbestattung weitaus mehr Informationen zum Toten und zur Zeremonie verloren.

Wenngleich Bestattungssitten und Totenkult bei den Brandgräbern bislang in gewissem Rahmen bekannt schienen, ließen die offensichtlich selektive Beigabenausstattung in den Gräbern, Schmelzreste von Glas und Metall am Leichenbrand, Teile von Beigaben, unverbrannte neben verbrannten Ausstattungsstücken, Holzarten und –verbrauch für den Scheiterhaufen u. v. a. m. etliche Fragen offen. Neue naturwissenschaftliche Analysen, so z. B. das Röntgen von noch nicht untersuchten Brandgräbern nach der Bergung,[132] schärften den Blick auf bisher nicht wahrgenommene Inventarreste: feine kleine Schmelzkugeln aus Bronze und Silber als brandzerstörte Relikte von Schmuck oder Inventar der Verstorbenen.

Entsprechende Röntgenaufnahmen zeigten auch für eine Stichprobe von lediglich sieben bandagierten, neuen Grabfunden aus Zethlingen in drei Fällen Schmelzkugeln als Reste zerschmolzener Inventarteile zwischen dem Leichenbrand (Abb. 79). Selbst nachträgliches Röntgen der gesiebten, gewaschenen Leichenbrände aus Altfunden offenbarten noch immer vereinzelte, den Knochen anhaftende und der Autopsie entgangene Schmelzkugeln bislang unbekannter Ausstattungsteile.

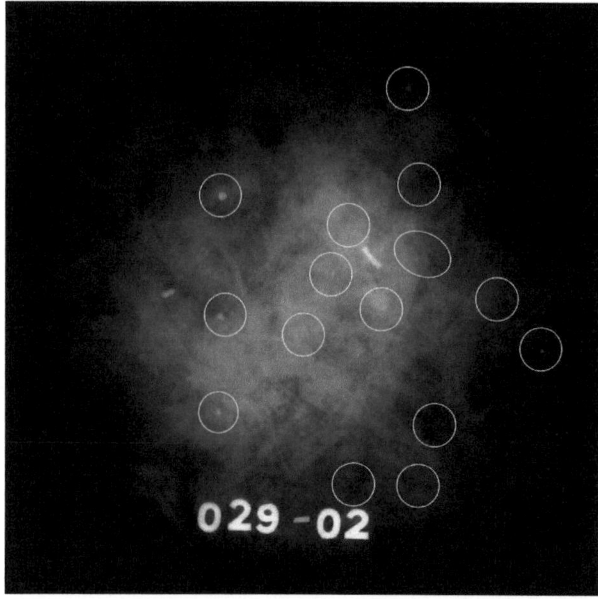

79 – Röntgenaufnahme eines Grabes in bandagiertem Zustand, die Schmelzkugeln sind markiert

Scheiterhaufenexperimente

Mittels archäologischer Experimente sollte eine Annäherung an die Beantwortung einiger der o. g. Fragen erreicht werden. Dafür wurden 2000/2001 auf dem ehemaligen Experimentiergelände des Landesamtes für Denkmalpflege und Archäologie Sachsen-Anhalt in Mansfeld/Südharz vier Scheiterhaufenbrände mit Schweinekadavern vorbereitet und durchgeführt (Abb. 80).[133] Der zugrunde gelegte archäologische Befund war die Kremation einer fiktiven Person der spätrömischen Kaiserzeit Mitteldeutschlands, ausgestattet mit charakteristischen und materialgetreuen Repliken (Abb. 81/82a).

Im Teamwork aus Anthropologie, der Pathologie und der Rechtsmedizin, der Archäologie, der Archäobotanik, der Experimentellen Archäologie und der Archäozoologie hatte jede Disziplin ihre Spezialfragen an die Experimente. Somit ergaben sich aus den interdisziplinären Kontaktbereichen Anregungen, Fragen und Antworten, d. h. zugleich vielfältige Synergien.[134]

**80 a - aufgebauter Scheiterhaufen mit deponiertem Leichnam (Schweineka-
daver) vor dem Entzünden, b - Scheiterhaufen in Vollbrandphase**

**81 - Rekonstruktion der Aufbahrung einer (oben) und eines Toten (unten)
mit materialgetreuer Ausstattung nach spätkaiserzeitlichen Brandgräbern**

Einige Ergebnisse der Experimente werden nachfolgend zusammengefasst: Der Kremationsverlauf ist verschiedenen Einflussfaktoren (Witterung, Holzarten, Brenneigenschaften des Holzes, Konstruktion des Scheiterhaufens, Körpermasse der Leiche) und dem chaotischen System des Feuers mit stark differierenden Zeit-Temperatur-Feldern unterworfen.[135]

Die einzelnen Parameter eines Brandes lassen für dessen Verlauf kaum Vorhersagen zu, obgleich sie physikalischen Gesetzmäßigkeiten folgen. Daher sind die Verbrennungsergebnisse nicht vorhersehbar und jeweils voneinander abweichend.

Ausstattungsteile können die Kremation durch die Filterwirkung des Feuers in einem breiten Erhaltungsspektrum überstehen, das von ‚völlig unverbrannt' bis ‚total verbrannt', d. h. nicht mehr existent, reicht. Gleichmäßige, oxidierende Brennbedingungen führen zur vollständigen Verbrennung der Leiche wie des Inventars. Kommt es partiell zu ungleichmäßiger Kremation mit z. T. reduzierenden Bedingungen, überdauern selbst Gegenstände aus Glas, Silber und Bronze den Scheiterhaufenbrand augenscheinlich unbeschadet (Abb. 82).

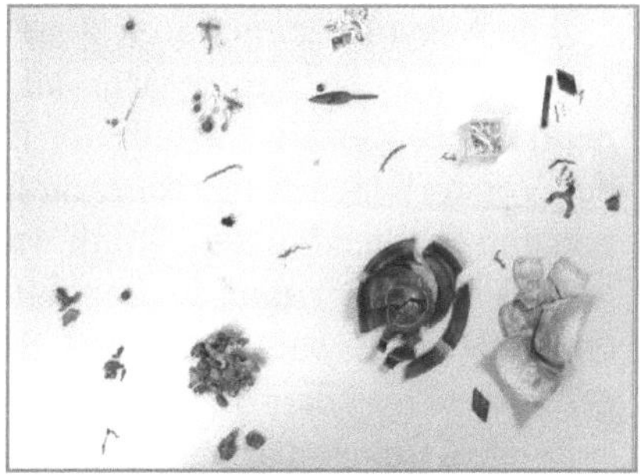

**82 a – einige Replikate der Ausstattung für ein Scheiterhaufenexperiment.
b – diese Gegenstände nach der Kremation**

Von den Metallen bleiben in Abhängigkeit von ihrer Schmelztemperatur erfahrungsgemäß nur Eisen und Kupfer (mehr oder weniger deformiert) erhalten. Bunt- und Edelmetallschmelzkugeln sowie Halbedelsteinfragmente sind mit bloßem Auge nur selten erkennbar. Glas wird pastös, zerschmilzt und kocht; Keramik zerspringt. Gegenstände aus Knochen, Geweih oder Elfenbein verändern sich in Form, Konsistenz und Farbe wie das Skelett des Toten. Organisches Inventar, wie Speisen und ‚Blumenschmuck', sind – wenn überhaupt – nur durch naturwissenschaftliche Analysen nachweisbar.[136]

Das Brandgrabinventar kann daher nicht die komplette Ausstattung während der Kremation widerspiegeln!

Der Leichenbrand ist meist unvollständig, repräsentiert aber das Skelett in wesentlichen Teilen. Leichenbranduntersuchungen mit Angabe der Verbrennungsgrade[137] und der Skelettdefizite geben neben den bisher erhobenen Daten zusätzliche Anhaltspunkte zum Verbrennungsverlauf. Gleiches gilt für die zur Kremierung verwendeten Holzarten hinsichtlich der Holzkohle.[138]

Der Bestattungsritus lässt sich jetzt unter Einbeziehung der in den Experimenten gewonnenen Erkenntnisse zumindest in Teilbereichen genauer erschließen.

Einige Antworten zu den Bestattungssitten ...

Interdisziplinäre Analysen lieferten auch für das Zethlinger Gräberfeld nunmehr ein klareres Bild des Ablaufs von der Aufbahrung über die Kremation bis zur Beisetzung des Toten.

Die Verstorbenen waren ihrer gesellschaftlichen Position, ihres Alters oder Geschlechts angemessen ausgestattet auf dem Scheiterhaufen aufgebahrt (Abb. 81). Es entsteht der Eindruck, dass gerade dieses der Stellung des Verstorbenen entsprechende Inventar zum Zeitpunkt der Einäscherung von entscheidender Bedeutung war.

Ältere Kinder und Jugendliche wurden hinsichtlich der beigegebenen Objekte wie Erwachsene behandelt, sind also bereits in deren Kreis aufgenommen worden. Im Gegensatz dazu erhielten kleine Kinder ein recht spärliches Inventar. Für ihre Beisetzung fanden auch deutlich kleinere Grabgefäße Verwendung.

Nachdem der Leichnam den Flammen übergeben worden war, erfuhren sowohl dessen Rückstände als auch die seiner Ausstattung eine nicht vorhersehbare Auswahl durch das chaotische System des Feuers.

Ein Ablöschen oder Auskühlen des Scheiterhaufens ist anhand der erhobenen Daten nicht fassbar. Der Kremation folgte das Aufnehmen der erkannten Teile des Leichenbrands und des Inventars durch die Hinterbliebenen aus den aus Asche und Holzkohle bestehenden Brandresten des Scheiterhaufens und in der Regel das Einfüllen in ein Grabbehältnis. Ob eine bewusste Auswahl der Inventarreste zu diesem Ritus gehörte, ist

74

nicht bekannt. Auf jeden Fall gelangten so auch unwillkürlich Fragmente zufällig ins Grab, die nicht absichtlich als solche erfasst wurden.

… zum Leichenbrand …

Ein Teil der analysierten Leichenbrände zeigte, dass mitunter auch mehrere Personen (Mann und Frau, vereinzelt Erwachsener und Kind) gemeinsam eingeäschert und in einem Grab beigesetzt waren.[139]

Unvollständig verbrannte Skelettreste offenbarten für Zethlingen einige in Teilen suboptimal verlaufene Kremationen (um 300 °C). Im Durchschnitt wurden jedoch Verbrennungstemperaturen zwischen 550-800 °C erreicht.[140] Da die Urnen nur einen Teil der menschlichen Scheiterhaufenrückstände enthielten, ist sowohl mit teils unvollständiger Verbrennung als auch mit starker Fragmentierung von Skelettteilen zu Grus zu rechnen. Darauf deutet auch die häufigere Präsenz von Langknochen in den Leichenbränden im Gegensatz zu den spongiosareichen[141] Wirbelfragmenten hin.[142]

Nach der Kremation lassen sich von Hand nur die größeren, geringer fragmentierten Knochenteile auflesen, nicht jedoch der Grus. Die Fragmentierung ist Folge der von außen nach innen ablaufenden Kremation der Leiche und z. B. nicht einer Zerkleinerung durch die Hinterbliebenen. Am Skelett anhaftende Reste von Glas oder Metall erleichtern Rückschlüsse auf die Lage des Toten während des Verbrennungsvorgangs wie auf die Trachtfunktion der brandzerstörten Objekte. Eine anatomische Schichtung des Leichenbrandes in das Grabgefäß setzt dessen stringentes Absammeln vom Fuß- zum Kopfende des Scheiterhaufens und entsprechendes Einbringen voraus. Allerdings war dieses konsequente Vorgehen nur vereinzelt erkennbar.[143] Es kamen neben den vollständig verbrannten Skelettteilen auch unvollständig verbrannte Partien mit in das Grab.

83 - unverbranntes Fingerglied mit drei Bronzefingerringen aus einem Brandgrab

Außergewöhnlich ist der Fund eines unverbrannten Fingergliedes mit drei aufgesteckten Ringen – wie die Grünfärbung des Knochens zeigt - das vor dem Gelenk abgetrennt und nach der Einäscherung dem Leichenbrand beigefügt wurde (Abb. 83). Den Hintergrund dafür kennen wir nicht.

… und zur Ausstattung

Die Zusammensetzung der Grabinventare zeigt eine Trennung nach Geschlechtern. Schmuckteile wie Fibeln, Arm- und Fingerringe, Ketten, Kämme, Schmucknadeln und Haar-/Stirn-/Halsreifen bzw. Schnallen gehörten zur Tracht des Verstorbenen. Hingegen sind Nähutensilien, Schlüssel, Messer, Scheren, Beschlagteile und die Holzkästchen, Werkzeuge und Waffen als ‚Bei'-Gaben im echten Wortsinn zu bezeichnen. Kämme - sie wurden den Verstorbenen jeden Lebensalters mitgegeben - und Scheren lagen in Gräbern beiderlei Geschlechts.

Sicherlich war die Deponierung von Inventarteilen auf, neben oder unter dem Grabgefäß eine bewusst vorgenommene Handlung.

Die Verformung bronzener Gegenstände und Gefäße ist brandbedingt. Lötverbindungen an Henkeln und Attaschen[144] lösen sich zuerst, da sie niedriger schmelzend als die Gefäße selbst sind. Zum Teil mikroskopisch kleine bis zu einigen Millimetern große Schmelzreste sprechen für die hochgradige, brandbedingte Zerstörung der ursprünglichen Bunt- oder Edelmetallgegenstände. Sie können zufällig in das Grabgefäß eingefüllt worden sein.

Kleinteilig zerbrochene Gegenstände aus Knochen oder Geweih kamen unbewusst als Knochenstück oder bewusst als erkanntes Bruchstück eines Objekts in die Bestattung. Besonders leicht zerbrechliche Teile wie Kammzähne und Nadelspitzen fehlen daher in der Regel auch.

Für das Ende des 2. und den Beginn des 3. Jahrhunderts ist anhand der am häufigsten erkannten Inventarteile eine Aufbahrung der Frauen mit zwei bis drei Fibeln, Metallnadeln (Hakennadel, Nadel mit profiliertem Kopf, Nähnadel), Perlen, Knochennadel und Kamm am wahrscheinlichsten. Die Anzahl der leicht schmelzenden Metallnadeln dürfte wohl wesentlich höher gewesen sein, als die erfassten Stücke nahelegen. Filigraner und aus dünnem Blech gefertigter Schmuck, z. B. Pressblech aus Edelmetall, kann bei den geringen Chancen, den Brand zu überstehen, gar nicht mehr in Erscheinung treten. Messer, Spinnwirtel, Schlüssel und mit Eisen oder Buntmetall beschlagene Holzkästchen sind trotz ihrer verhältnismäßig geringen Brandzerstörung unterrepräsentiert, d. h. wohl als solche erkannt und bewusst nicht beigefügt worden.

84 – Schließblech eines Holzkästchens aus Bronze mit Niet- und Schlüssellöchern. 85 – Sortiment eiserner Haken- und Federschlüssel

86 - Bronzeschnalle und Riemenzubehör als Inventar eines Männergrabes
87 - eisernes Inventar eines Männergrabes: Kreisschnalle, zwei Lanzenspitzen und Fragment eines Schildbuckels (links vorn)
88 – massiver eiserner Stuhlsporn

Spinnwirtel, Messer und Nähnadeln im Grab zeigen den Umgang der Frauen mit diesen Arbeitsgeräten mit Ausnahme kleiner Mädchen und Greisinnen. Kästchen mit Schlüsseln (Abb. 84/85) erhielten weibliche Erwachsene wohl ab der Initiation.[145] Nicht nur in Zethlingen war zu beobachten, dass kleinstückige Kettenpanzerreste (Abb. 68) in Frauengräbern lagen[146]; als Schmuck, Amulett oder Beutel(besatz)?

Männergräber anhand des durch Inaugenscheinnahme erfassten Inventars zu identifizieren, erwies sich bei der geringen Zahl charakteristischer Ausstattungsstücke als schwierig. Bisher lassen Bestattungen männlicher Personen die Kombination Fibel und Kamm erkennen, vereinzelt kommen Schnallen, Waffen, Riemenbeschläge und Schleifsteine hinzu (Abb. 15/86). Da es jedoch nur wenige derartig zusammengesetzte Inventare gibt, sind die archäologisch nachgewiesenen Männer innerhalb des Friedhofs allein anhand der in das Grabgefäß gelesenen Ausstattungsteile unterrepräsentiert. Demgegenüber lieferte die anthropologische Leichenbrandanalyse hier höhere Zahlen (vgl. Abb. 20) und stellte so nebenher die Sinnfälligkeit interdisziplinärer Forschung erneut unter Beweis.

Am Ende des 3. Jahrhunderts scheint sich der Grabritus zu verändern, da Schmuck und sonstiges Inventar zunehmend seltener in den Gräbern zu finden ist. Ursache hierfür ist jedoch offenbar eher die Materialverknappung von Glas, Bunt- und Edelmetall aus dem Imperium. Aufgrund neuer politischer Verhältnisse bzw. ökonomischer Zwänge war der vorherige, wie auch immer geartete Zustrom versiegt. Dem trugen die Altvorderen nun auch bei der Einäscherung Rechnung. Eine rituelle Neuorientierung geschah hingegen nicht.

Waffengräber

Die Sitte, den Toten Waffen mit ins Grab zu legen, gibt Kenntnis von der Wertschätzung des Waffenträgers. Allerdings findet für uns weder der Rang des einzelnen Kriegers noch deren Anzahl im Totenkult eine Widerspiegelung. Nur in der frühesten Siedlungsphase bestattete die Gemeinschaft eine geringe Anzahl Männer mit ihrer Bewaffnung: Lanze, Speer, Schild und Sporn (Abb. 87/88). Die geschäfteten Lanzen steckte man für jedermann sichtbar am Grab senkrecht in die Erde.

Ob diese Kriegergräber Veteranen oder Anführer früherer Kämpfe oder der Kolonisten, evtl. auch die eingewanderte regionale Elite repräsentiert, ist zwar anzunehmen, doch wir wissen es nicht.

Lanzen als Wurf- und Stoßwaffe treten am häufigsten auf. Schwerter sind allgemein selten, in Zethlingen fanden wir sie nicht, jedoch vereinzelt Beschlagteile von Schwertscheide, Aufhängevorrichtung und Riemenzubehör (Abb. 91). Daher ist nicht auszuschließen, dass diese Waffen für die Nachkommen zurückbehalten und nur die Scheide auf den Scheiterhaufen gelegt wurde. Schilde bestanden aus mitunter lederbespanntem Holz. In der Mitte war rückseitig ein Griff, die Schildfessel, auf der Gegenseite zum Handschutz als ausgesparte Griffmulde der Schildbuckel befestigt. Den Rand umfasste eine Umbördelung (Abb. 92). Lanze und Schild stellten die häufigste Waffenkombination dar. Sporen gehörten zu berittenen und damit höherrangigen Kriegern.

Als neue Waffe tritt ab etwa 200 n. Chr. häufiger die Streit- oder Wurfaxt in Erscheinung, dann jedoch mit anderen Waffen vergesellschaftet. Im 3. Jahrhundert kamen mit Pfeil und Bogen weitere neue Waffen hinzu. Damit reagierten die Germanen auf die veränderte Kampfesweise des römischen Heeres, das in seine Hilfstruppen Kontingente von Bogenschützen aufgenommen hatte.

Ferner wurde die Steinschleuder – aus Zethlinger Gräbern stammen derartige Schleudersteine (die Römer benutzten Schleuderbleie) – von den Germanen übernommen (Abb. 89).

Die Auswertung der skandinavischen Mooropferfunde des 2.-3. Jahrhunderts n. Chr. schließt auch eine Beteiligung von Kriegern aus dem altmärkischen Raum an den dortigen innergermanischen Auseinandersetzungen nicht aus.[147]

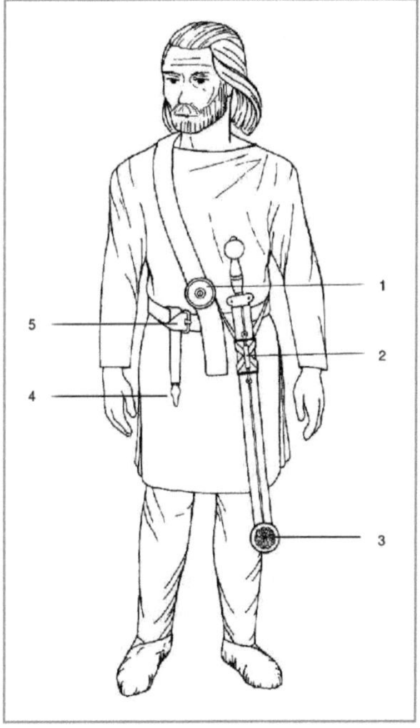

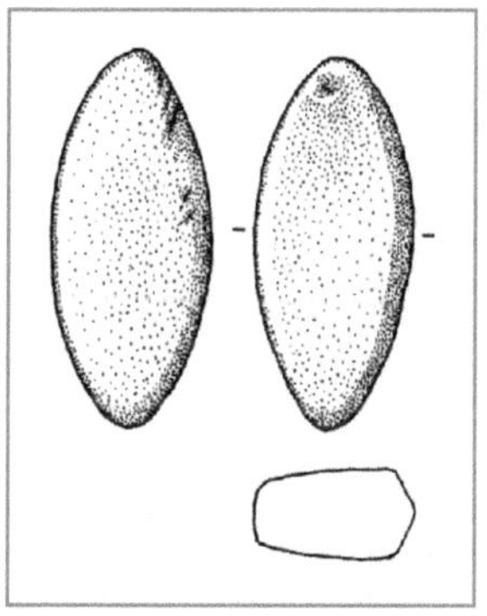

89- Schleuderstein

90 – germanischer Hilfstruppler (Auxilliarkrieger) mit Schwert, Schwertscheidenbeschlag (2), Ortband (3 = Metallbeschlag der Scheidenspitze) Balteus (1 = Koppel des Wehrgehenks), Riemenzunge (4 = Riemenendbeschlag) und Gürtelschnalle (5)

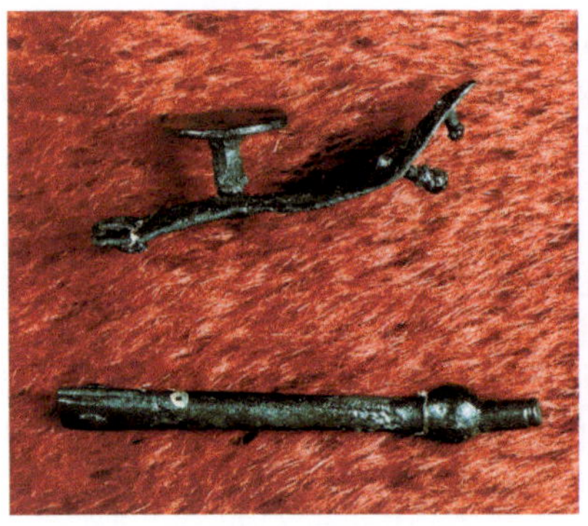

91 – Riemenverteiler (oben) und Riemenzunge aus Eisen
92 – Schildrandbeschläge aus Bronze

93 - angeschmolzenes Brauneisensteinstück aus einem Grab
94 – Schmiedegrab: Beisetzung einer Urne in einer (schwarzen) Rennfeuergrube, links darunter

Vereinzelt sind in den Gräbern Teile der römischen Militärausrüstung anzutreffen: z. B. Schwertteile, Stücke der Schwertscheide, Riemenzubehör, Zierbeschläge oder Kettenpanzer (Abb. 90). Auch hier wird uns der Anteil römischer Waffen an der Bewaffnung allein durch den Filter des Verbrennungsritus gezeigt, bildet also nicht den tatsächlichen Bestand ab. Die Möglichkeiten des Erwerbs dieser Militaria wurden bereits oben erläutert. Waffen und Ausrüstungsteile aus dem Ende des 2. Jahrhunderts deuten auf die Beteiligung einheimischer Krieger an den Markomannenkriegen in Pannonien (166-180 n. Chr.). Möglicherweise beteiligten sich auch aus den damaligen Dörfern stammende oder nach der Rückkehr dort ansässige Männer im Verlauf des 3. Jahrhunderts an den Ereignissen und der Zerstörung des Limes um die Mitte dieses Jahrhunderts. Hinzu traten weitere innergermanische Auseinandersetzungen mit anderen Stämmen und Bevölkerungsgruppen.

Schmiedegräber

Die Sitte, Gräber der Hüttenleute durch eine von der ‚Regel' abweichende Beisetzungsart besonders zu kennzeichnen, spiegelt die geachtete Stellung des Metallwerkers wider.[148] In Zethlingen war die Beigabe von Eisenschlacke, angeschmolzenen Brauneisensteinknollen (Abb. 93) und außerdem das Markieren von Grabanlagen mit Eisenhydratoxid[149] nachzuweisen. In zwei Gräbern hatte sich durch Übergießen mit dieser eisenhaltigen Verbindung, in zwei weiteren durch Einfüllen in die Grabgrube vor der Beisetzung, rostrot gefärbter Sand erhalten. In diesen Zusammenhang gehört ebenso ein Grab mit präziser Steinsetzung, einem Votivhammer aus Schlacke (Abb. 95) und sorgfältigster anatomischer Sortierung des Leichenbrandes im Grabgefäß.

95 — Votivammer, gegossen aus Schlacke in einer verlorenen Sandform

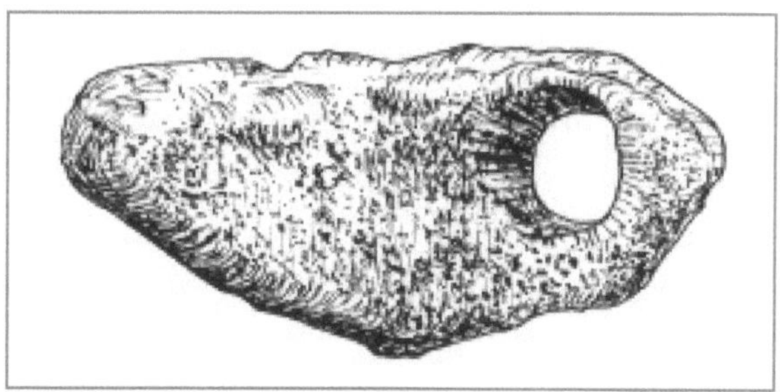

Als weitere Eigenheit ist hier im Bereich aufgelassener Eisenproduktionsanlagen von einem gesonderten Bestattungsbereich für Schmiede auszugehen: die Anlage von Gräbern in den Resten von Verhüttungsöfen. In allen Fällen war die Grabgrube so angelegt, dass jeweils der untere Gefäßteil in die Herdgrube hinein reichte (Abb. 94 und gelb markierte Urnen in Abb. 53).[150] Ein weiteres Grab hatte man einem sekundären Feuer ausgesetzt und zusätzlich in der Grabgrube mit Eisenhydratoxid übergossen.

Die Sitte, Schmiedegräber durch besondere Beigaben oder Bestattungsart gegenüber den anderen Beisetzungen hervorzuheben, ist für den nordwestdeutschen, wie auch den nordeuropäischen Raum an mehreren Orten nachgewiesen worden.

Schlacke, Eisenhydratoxid oder der Begräbnisplatz in einer Rennfeuergrube sahen die Altvorderen als Verbindung zu Feuer und Eisen. Den Bestattungsort und diese Art der Behandlung der Relikte wählten sie bewusst für den Verstorbenen aus, um seine besondere Position über den Tod hinaus zu bewahren.[151]

Andere handwerkliche Tätigkeiten des Toten fanden im Grabritus keinen erkennbaren Niederschlag.

Dörfliche Rangordnung

Die gesellschaftliche Position des Einzelnen auf der Grundlage von Ausstattungsreichtum oder –armut ist durch die Filterwirkung der Einäscherung auf das Inventar nur noch ansatzweise erkennbar. So können bei Aufbahrung üppig ausgestattete Leichname nach vollständiger Kremation den Anschein geringeren Inventars erwecken als schlichter aufgebahrte nach suboptimaler Verbrennung. Erfasste Beigabenzahlen bzw. der Status oder Wert eines Einzelstücks zeigen uns heute nur noch die Mindestausstattungsgrad des jeweiligen Toten.

96 – Angehöriger der germanischen Elite mit ‚Swebenknoten' als Frisur, bortenbesetztem Mantel, Schulterfibel, Hose und Schuhen (Umzeichnung Detail Marcussäule Rom)

Nur schwer lässt sich eine regionale Oberschicht erfassen. Weder die Anzahl der zerschmolzenen Edel- und Buntmetallgegenstände noch die der Objekte aus Glas oder mit Email und somit auch nicht die Menge der ursprünglich vorhandenen Importstücke sind bekannt und daher eine Identifizierung der Dorfelite schlichtweg nicht möglich.

Selbst eine hierarchische Aufstellung der Dorfstruktur scheitert am Fehlen aussagefähiger Fakten zur gesellschaftlichen Position. Lediglich die Beisetzungen in oder mit Importgefäßen deuten auf Angehörige einer gehobenen Bevölkerungsschicht hin, auf die wohl auch Inventare mit mehreren Edelmetallstücken und Importobjekten verweisen.

Nur zu Siedlungsbeginn bekam eine geringe Anzahl Krieger ihre Bewaffnung mit ins Grab (s. o.). Nicht bekannt ist, welche Gründe (Veteranen, Anführer, Kriegshelden) dahinter stehen. Ist in ihnen die regionale Elite zu sehen? - wir wissen es nicht genau.

Eine weitere wertgeschätzte Stellung hatten die sonderbestatteten Hüttenleute inne. Andere Gräber entziehen sich brandbedingt jeder Zuordnung.

Da die Zethlinger Siedlung nur kleinräumig untersucht wurde, gibt es auch hier keine Aufschlüsse zu unterschiedlichen Gehöftgrößen und damit zu einer hierarchischen Bevölkerungsstruktur, deren Vorhandensein jedoch als gegeben anzusehen ist.

Wer waren sie? Warum, wann und wohin gingen sie?

Um dies zu beschreiben, muss die Region der westlichen Altmark als Ganzes betrachtet werden. Die in Zethlingen bestattende Bevölkerung stammte ursprünglich aus dem Niederelberaum (Abb. 97). Einige der Siedler wanderten dort ab ca. 150 n. Chr. aus, um elbaufwärts eine neue Heimat zu suchen, denn an deren bisherigen Standorten enden die Gräberfelder zu jener Zeit. Sie werden wohl in der fast besiedlungsleeren

97 – Karte der germanischen Stämme nach Tacitus

Westaltmark, u. a. nahe des Zethlinger Mühlenberges günstige Siedlungs- und Lebensbedingungen vorgefunden haben. Anfangs benutzten sie z. B. die gleich gestalteten Gefäße weiter und trugen dieselbe Tracht wie bisher an der Niederelbe üblich. Vieles spricht dafür, diese Neukolonisten und ihre Nachkommen als Teile des elbgermanischen Stammes der Lango- barden zu bezeichnen, ohne jedoch einen schlüssigen Beweis dafür antreten zu können.[152] Angehörige jenes Stammes, dessen Wurzeln in Skandinavien liegen, bezeichnete Tacitus aus Sicht des politischen Kon- trahenten als zahlenmäßig gering, aber kampfestüchtig.[153]

Weitere rasche und intensive Zuwanderungen folgten etwa aus dem Gebiet des heutigen Mecklenburg, dürften in der westlichen Altmark im Wesentlichen aber um 200 n. Chr. zum Abschluss gekommen sein.

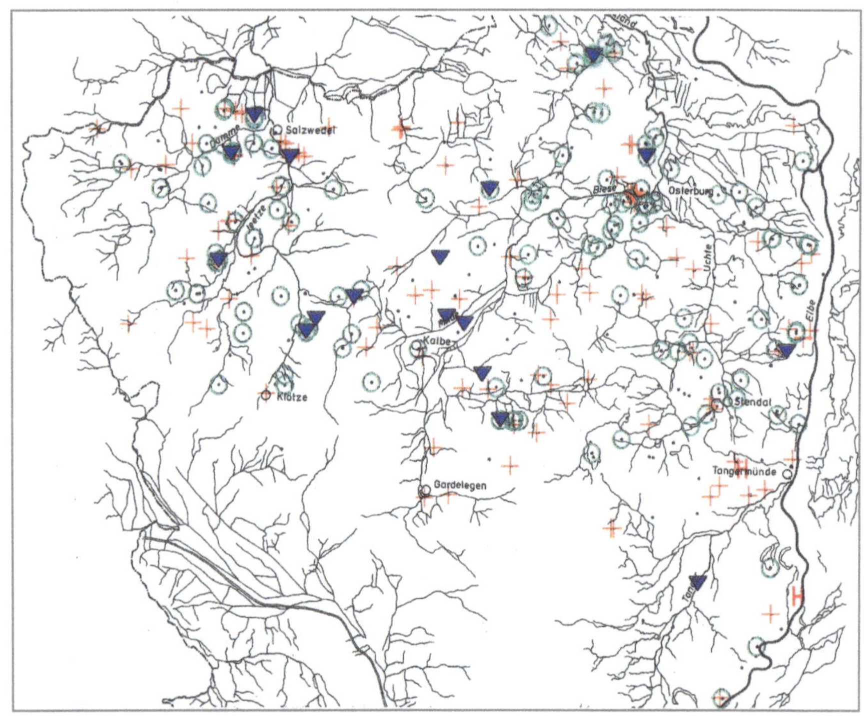

Abb. 98 – altmärkische Fundstellen des 2. - 4. Jh. n. Chr. (Kreis = Siedlung; Kreuz = Friedhof; Dreieck = Eisenverhüttung; H = Hortfund; Punkt = keine Zuordnung möglich)

Im altmärkischen Osten ließen sich neben Siedlern aus dem Nieder-
elbegebiet auch Zugezogene aus dem heutigen Mecklenburg und der Prig-
nitz nieder. Die ost- und die westaltmärkische Besiedlungsprovinz unter-
schieden sich in mehrerlei Hinsicht; in eigenständigen Traditionen, erkennbar vor allem im archäologischen Fundstoff. Den Grenzstreifen bildeten die sumpfigen Niederungen der Flüsse Ohre, Milde, Biese und
Aland. (Genau hier wird vier Jahrhunderte später die Diözesangrenze zwischen den Bistümern Verden und Halberstadt verlaufen, eine regionale
Unterteilung, die bis zu den heutigen Landkreisen Stendal und Altmarkkreis Salzwedel tradiert.)

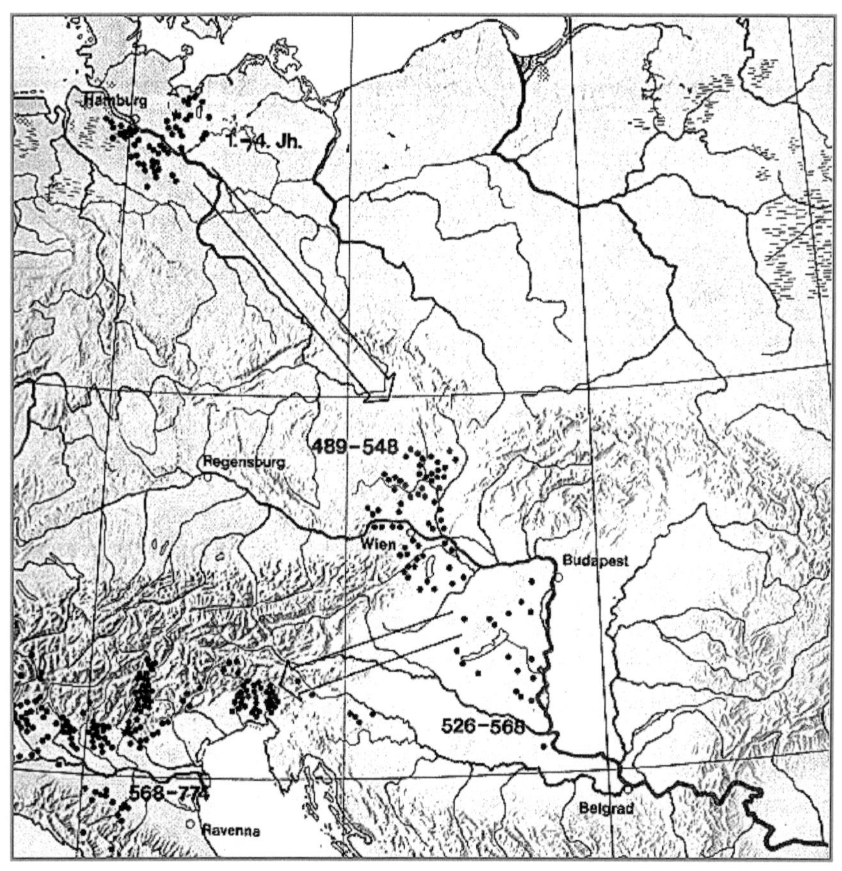

99 – Wanderungen der Langobarden vom 1.-6. Jahrhundert n. Chr.

Die anschließende Phase der wirtschaftlichen Festigung und des ökonomischen Aufschwungs findet ihren Niederschlag in der Anlage zahlreicher Siedlungen und einer der starken Bewohnerzahl entsprechenden Anzahl der Gräber um und nach 200 n. Chr. Den Umfang der damaligen altmarkweiten Besiedlungswelle zeigen allein die Zahlen von bislang mehr als 100 Siedlungsstellen und etwa der gleichen Anzahl Friedhöfe (Abb. 98).

Der Bevölkerungsanstieg kann etwa ab 250 n. Chr. zu ungenügendem Lebensraum, der Überforderung natürlicher Ressourcen sowie daraus erwachsenden innergermanischen Konflikten geführt haben. All dies wird auf die Bewohner nicht ohne Wirkung geblieben sein und erste Abwanderungen ausgelöst haben, was die sinkenden Bestattungszahlen und das Belegungsende einiger Friedhöfe in Teilen der Altmark bereits ab 300 n. Chr. erklärt. Denn auch noch in der Mitte des 3. Jahrhunderts verbindet auch die Bevölkerung der Altmark mit den Menschen vieler Regionen Germaniens nach wie vor die Anziehungskraft des römischen Imperiums (Abb. 99), die letztendlich zum Limesfall und zum Ende Roms führen sollte.

Reste der noch im 4. Jahrhundert ansässigen Bevölkerung verblieben nach einer nochmaligen Abwanderungswelle um die Mitte dieses Jahrhunderts im Siedelgebiet und gerieten später unter sächsischen Einfluss.

Fazit

Das Gebiet rund um den schon in urgeschichtlicher Zeit von Menschen aufgesuchten Berg erlebte eine Blüte eineinhalb Jahrhunderte nach Chr., als germanische Kolonisten von Norden auf der Suche nach neuen Siedlungsgebieten die damals fast menschenleere Region um das heutige Zethlingen erreichten, sich dort für mehr als zwei Jahrhunderte niederließen und diesen Berg als ihren Bestattungsplatz auswählten.

Die Siedler, wohl Langobarden, errichteten weilerartige Dörfer, in denen sie die alltäglichen Dinge selbst erzeugten, Vieh hielten und Ackerbau betrieben. Mehrere Generationen zogen hier ihre Kinder groß.

100 – vom Leben in einem langobardischen Dorf

Unter ihnen befanden sich spezialisierte Metallurgen und Feinschmiede sowie offenbar einige wenige ehemalige Hilfstruppler des römischen

Heers. Überhaupt scheint ihr Chef recht gute Kontakte zum Imperium unterhalten zu haben.

Die Bauern wirtschafteten so erfolgreich, dass es für alle reichte und die Bevölkerung wuchs. Als sich etwa ein Jahrhundert später die Ressourcen verknappten, entzogen sich die ersten Leute diesen Zwängen und erneut los Richtung Süden, wo auch das ersehnte Rom lag. Das Gros folgte zeitversetzt in Schüben nach, spätestens als der von Osten kommende Einfall nomadischer Reiter mit ihren Attacken Verwirrung, Bewegungen, Flucht und Trecks unter den germanischen Stämmen auslösten; die Völkerwanderung begann.

Bevor der Marsch gen Süden weiterging, hatten sie hier für etwa 200 Jahre eine Heimat gefunden, ließen dann aber auf dem Berg weit mehr als 2.000 eingeäscherte und bestattete Angehörige zurück.

Zum Schluss

Nach der Grenzöffnung 1989 begann der die einstige innerdeutsche Grenze überschreitende Tourismus.

Als im Sommer 1990 auf Initiative der Autorin am Mühlenberg in Zethlingen erstmals ein Rennfeuerschmelzversuch anhand der archäologischen Grabungsbefunde in Zusammenarbeit zwischen der TU Bergakademie Freiberg und dem Johann-Friedrich-Danneil-Museum Salzwedel durchgeführt wurde, fand dies in der Öffentlichkeit große Aufmerksamkeit. Noch im gleichen Jahr folgten mit einem Töpfer- und einem Backofen weitere archäologische Befundinterpretationen im Versuch.

Grundlage dafür bildeten römerzeitliche Funde und Befunde des altmärkischen Raumes, dessen einstige Bewohner dann auch für den Namen der späteren Einrichtung Pate standen (Abb. 101). Damit war der erste Schritt zur heutigen „Langobardenwerkstatt" getan,[154] aber das ist eine andere Geschichte ….

101 - Plakat der ersten Langobardenwerkstatt Zethlingen im Juli 1990

Dankesworte

Am Ende bleibt, Dank an alle diejenigen zu richten, die an diesen Forschungen direkt oder mittelbar beteiligt waren und ihren Anteil an den vorgestellten Ergebnissen haben. Stellvertretend möchte ich die Herren Lothar Mittag, Johann-Friedrich-Danneil-Museum Salzwedel, und Friedemann Kirsch, Arneburg, erwähnen – die Nennung aller hätte den Rahmen gesprengt. Nur gemeinsam war es möglich, ein wenig Licht in Zethlingens Vergangenheit zu bringen.

Dem Landesamt für Denkmalpflege und Archäologie Sachsen-Anhalt, Halle (Saale), und dem Johann-Friedrich-Danneil-Museum, Salzwedel, sowie Frau Ilse Kuchenbuch (†), Stendal, den Herren Henning Krüger, Kalbe, David Nuglisch, Dresden, und Dr. Günter Wetzel, Cottbus, danke ich für zur Verfügung gestelltes Bildmaterial, Frau Rosemarie Zwer, Salzwedel, Herrn Tobias Gembalski, Halle (Saale), und meinem Mann, Bernd Leineweber, für lektorierende, redaktionelle und grafische Unterstützung sowie für die Bildbearbeitung.

Zum Schluss möchte ich den Zethlinger Bürgern für ihr Verständnis, so manche Hilfe, wie auch viele gute Begegnungen und Gespräche über mehrere Jahrzehnte hinweg danken.

Sie leben an einem besonderen historischen Ort!

102 – Besucher aus Zethlingen und der Umgebung im Jahr 1979 während einer Grabungsführung

Literatur

Altmärkisches Museum 1888-1988, Stendal 1988.

Beck 1884

Ludwig Beck, Die Geschichte des Eisens in technischer und kultureller Beziehung, 1. Abteilung, Braunschweig 1884.

Becker/Leineweber 2006

Matthias Becker und Rosemarie Leineweber, Römische Funde im Land Sachsen-Anhalt. Corpus der römischen Funde im europäischen Barbaricum, Deutschland, Bd. 6, Sachsen-Anhalt, Bonn 2006, 8-14.

Becker u. a. 2003

Matthias Becker, Heiko Breuer und Renate Schafberg, Diagnostik an Brandgräbern der Römischen Kaiserzeit. Jahresschrift f. mitteldeutsche Vorgeschichte 86, Halle (Saale) 2003, 133–165.

Becker u. a. 2005

Matthias Becker, Hans-Jürgen Döhle, Monika Hellmund, Rosemarie Leineweber und Renate Schafberg, Nach dem großen Brand. Verbrennung auf dem Scheiterhaufen – ein interdisziplinärer Ansatz. Bericht der Römisch-Germanischen Kommission 86, Mainz 2005, 61-195.

Bender Jørgensen 1988

Lise Bender Jørgensen, Textilfunde aus dem Mittelelbe-Saale-Gebiet (Eisenzeit bis frühes Mittelalter). Jahresschrift f. mitteldeutsche Vorgeschichte 71, Berlin 1988, 91-123.

Bock 2016

Hartmut Bock, *Sogenannte Helden-Betten sind zwar hieselbsten, es sind aber die Urnen nicht gefunden worden.* Altmärkische Landpfarrer berichten 1711-13 und 1741 über archäologische Funde und Bodendenkmale. Beran, Jonas/ Einicke, Ralf/ Schimpff, Volker/ Wager, Karin/ Weber, Thomas (Hrsg.), Lehren – Sammeln – Publizieren. Festschrift für Hans-Jürgen Beier zum 60. Geburtstag, Leipzig 2016, 539-557.

Capelle 1937

Wilhelm Capelle, Das alte Germanien (Die Nachrichten der griechischen und römischen Schriftsteller), Jena 1937.

CDB A XVII

Adolf Friedrich Johann Riedel, (Hrsg.), Codex Diplomaticus Brandenburgensis: Sammlung der Urkunden, Chroniken und sonstigen Quellenschriften für die Geschichte der Mark Brandenburg und ihrer Regenten, Bd. XVII, 1859.

Corpus 2006

Matthias Becker, Jan Bemmann, Rudolf Laser, Rosemarie Leineweber, Berthold Schmidt, Erika Schmidt-Thielbeer und Ingrid Wetzel, Römische Funde im Land Sachsen-Anhalt. Corpus der römischen Funde im europäischen Barbaricum, Deutschland, Bd. 6, Sachsen-Anhalt, Katalog, Bonn 2006, 38-246.

Czubatynski 2000

Uwe Czubatynski, Evangelisches Pfarrerbuch für die Altmark, Halle (Saale) 2000.

Danneil 1836

Johann Friedrich Danneil, 24. General-Bericht über Aufgrabungen in der Umgebung von Salzwedel. Neue Mittheilungen aus dem Gebiet historisch-antiquarischer Forschungen 2, Halle (Saale) 1836, 544-584.

Dušek 1989

Sigrid Dušek, Römische Reibschalen im germanischen Thüringen. Altthüringen 24, Weimar 1989, 197-250.

Eggers 1951

Hans-Jürgen Eggers, Der römische Import im freien Germanien. Hamburg 1951.

Erdrich 1996

Michael Erdrich, Rom und die Barbaren. Das Verhältnis zwischen dem Imperium Romanum und den germanischen Stämmen vor seiner Nordwestgrenze seit der späten römischen Republik bis zum Gallischen Sonderreich, Amsterdam 1996.

Ernst 1966

Franz Joachim Ernst, Die vorgeschichtliche Eisenerzeugung. Mitteilungen des Bezirksfachausschusses f. Ur- u. Frühgeschichte Neubrandenburg, Neubrandenburg 1966.

Evenstad 1801 (1991)

Ole Evenstad, Praktische Abhandlungen von den Eisensteinen, welche sich in Norwegen in Sümpfen und Morästen finden, und über die Methode solche in Eisen und Stahl zu verwandeln, Nachdruck Trondheim 1991.

Fansa 1999

Mamoun Fansa, Moor als Geschichtsdeponie. Beiträge zur Ausstellung „Weder See noch Land. Moor – eine verlorene Landschaft", Oldenburg 1999, 44-61.

Fennert 1992

Mario Fennert, Metallurgische Aspekte zur Eisengewinnung im Rennofen unter direkter Bezugnahme auf eine spätrömerzeitliche Verhüttungsstelle bei Zethlingen, Kr. Salzwedel. Archäologische Informationen aus der Altmark 3, Schnega 1992, 36-40.

Fennert/Leineweber/Lychatz 1994

Mario Fennert, Rosemarie Leineweber und Bernd Lychatz, Eisenerzeugung im Rennofen. Ijzersterk, Protokollband Eisenschmelz- und Schmiedesymposium Eindhoven 1993, Ommel 1994, 20-22.

Frey/ Leineweber 2009

Eckart Frey und Rosemarie Leineweber, Archäologie und Geschichte. Das Grabungspraktikum Magdeburger Studenten in Zethlingen, Altmarkkreis Salzwedel. Thomas Großbölting/ Roswitha Willenius (Hrsg.), Landesherrschaft – Region – Identität, Festschrift f. Mathias Tullner, Halle (Saale) 2009, 426-433.

Gaedtke-Eckardt 1992

Dagmar Gaedtke-Eckardt, Zur Interpretation spätkaiserzeitlicher Drehscheibenkeramik im braunschweigischen Raum. Braunschweigische Heimat 78, 1992, 6-15.

Gebühr 1989

Michael Gebühr, Das Gräberfeld von Neubrandenburg. Beobachtungen zum anthropologischen und archäologischen Befund. Hammaburg Neue Folge 9, 1989, 85-107.

Hegewisch 2003

Morten Hegewisch, Röhrenhenkelkannen. Anmerkungen zu einer kaiser- und völker-wanderungszeitlichen Gefäßform. Ethnographisch-Archäologische Zeitschrift 44, 2003, 43-61.

Herrmann 1989

Die germanische Kultstätte von Oberdorla. Joachim Herrmann (Hrsg.), Archäologie in der Deutschen Demokratischen Republik. Denkmale und Funde. 2 Bände, Leipzig 1989, 174-176.

Herrmann 1990

Tacitus, Germania mit Kommentar. Joachim Herrmann (Hrsg.), Griechische und lateinische Quellen zur Frühgeschichte Mitteleuropas, Teil 2, Berlin 1990, 79-264.

Hingst 1983

Hans Hingst, Das Eisenverhüttungsrevier auf dem Kammberggelände in Joldelund, Kr. Nordfriesland. Offa 40, 1983, 163-176.

Hingst 1986

ders., Schmiedegräber aus Schleswig Holstein. Hammaburg Neue Folge 7, 1986, 61-68.

Ilkjær et. al. 1994

Jørgen Ilkjær, Arne Jouttijärvi und J. Andresen, Illerup Ådal, Proveniensbestemmelse af jern fra Illerup Ådal – et pilotprojekt, Århus 1994.

Kaczanowski 1994

Piotr Kaczanowski, Aus den Forschungen an der territorialen Differenzierung des Zustroms römischer Waffenimporte im Barbaricum.

Claus v. Carnap-Bornheim (Hrsg.), Beiträge zu römischer und germanischer Bewaffnung in den ersten vier nachchristlichen Jahrhunderten, Marburg 1994, 207-222.

Krieg 1985
Alexander Krieg, Eine frühgeschichtliche Siedlung in Krevese an der Tilly-Eiche. Archäologische Informationen aus der Altmark, Klötze 1985, 27-29.

Kuchenbuch 1938
Freidank Kuchenbuch, Die altmärkisch-osthannöverschen Schalenurnenfelder der spätrömischen Zeit. Halle (Saale) 1938.

Kupka 1910
Paul Ludwig Bernhard Kupka, Altmärkische Fibeln. Jahresschrift f. die Vorgeschichte der sächsisch-thüringischen Länder 9, Halle (Saale) 1910, 1-34.

Lange 1971
Elsbeth Lange, Botanische Beiträge zur mitteleuropäischen Siedlungsgeschichte. Ergebnisse zur Wirtschaft und Kulturlandschaft in frühgeschichtlicher Zeit. Schriften z. Ur- und Frühgeschichte 27, Berlin 1971.

Laser, R. 1976
Rudolf Laser, Römisch-germanische Beziehungen und die Angriffe des Imperiums gegen Germanien. Der Aufstand der Bataver und die Sicherung der Reichsgrenze (Limesbau). Wirtschaftliche Auswirkungen der römisch-germanischen Beziehungen. Die Germanen, Geschichte und Kultur der germanischen Stämme in Mitteleuropa, Bd. 1, Berlin, 1976, 267-308.

Laser 1998
ders., Terra Sigillata-Funde aus den östlichen Bundesländern – Materialien zur römisch-germanischen Keramik, Heft 13, Bonn 1998.

Laser/Leineweber 1991
Rudolf Laser/ Rosemarie Leineweber, Die römischen Importfunde der Altmark. Jahresschrift f. mitteldeutsche Vorgeschichte 74, Berlin 1991, 191-282.

Leineweber 1985
Rosemarie Leineweber, Schüler und Bundesfreunde des Kulturbundes als Partner der Bodendenkmalpflege im Kreis Stendal. Archäologische Informationen aus der Altmark, Klötze 1985, 15-16.

Leineweber 1986
dies., Untersuchungen auf einer Siedlung der römischen Kaiserzeit bei Zethlingen, Kr. Kalbe/M. Zeitschrift für Archäologie. 20, Berlin 1986, 91-101.

Leineweber 1989a

dies., Ein spätrömerzeitlicher Verhüttungsplatz im Bereich eines zeitgleichen Brandgräberfeldes von Zethlingen, Kr. Salzwedel. Jahresschrift f. mitteldeutsche Vorgeschichte 72, Berlin 1989, 97-120.

Leineweber 1989b

dies., Ein spätkaiserzeitlicher Werkstattkomplex zur Eisengewinnung in der Altmark. Archaeometallurgy of Iron, Symposium Liblice 1987, Prague 1989, 229-238.

Leineweber 1989c

dies., Die Arbeitsgemeinschaft „Junge Archäologen" im Johann-Friedrich-Danneil-Museum in Salzwedel. Archäologie und Heimatgeschichte 4, Berlin 1989, 97-99.

Leineweber 1990

dies., Ein germanischer Siedlungs- und Bestattungsplatz bei Zethlingen in der Altmark. Magdeburger Blätter, Magdeburg 1990, 39-48.

Leineweber 1991

dies., Brandgräberfeld und Verhüttungsplatz der römischen Kaiserzeit von Zethlingen, Kr. Salzwedel. Ein Beitrag zum spätgermanischen Bestattungswesen der Altmark. Bestattungswesen und Totenkult in ur- und frühgeschichtlicher Zeit, Berlin 1991, 165-169.

Leineweber 1993a

dies., Römerzeitliche Eisenverhüttung in der Altmark. Schmelzversuche nach Grabungsbefunden. Archäologie in Deutschland, H. 1/1993, 28-31.

Leineweber 1993b

dies., Eisenerzeugung in der Altmark. Archäologischer Befund und Rekonstruktion. Bloomery ironmaking during 2000 years. Vol. 3, Trondheim 1993, 41-50.

Leineweber 1995a

dies., Brennversuche in nachgebauten Töpferöfen des 3. nachchristlichen Jahrhunderts. Experimentelle Archäologie, Bilanz 1994, Archäologische Mitteilungen aus Nordwestdeutschland, Beiheft 8, Oldenburg 1995, 187-192.

Leineweber 1995b

dies., Zur Entstehung der „Langobardenwerkstatt Zethlingen" (Altmark), Jahresschrift f. mitteldeutsche Vorgeschichte, 77, Halle (Saale) 1995, 331-337.

Leineweber 1996

"Langobardenwerkstatt Zethlingen", eine historische Werkstatt mit Experimentiergelände im Altmarkkreis Salzwedel. Archäologisches Nachrichtenblatt 1, Berlin 1996, 230-232.

Leineweber 1997a

dies., Die Altmark in spätrömischer Zeit. Veröffentlichungen des Landesamtes für Archäologie Sachsen-Anhalt 50, Halle (Saale) 1997.

Leineweber 1997b

dies., Archäologie und Jugend in der DDR und nach der Wende. Die Arbeit vor Ort. Archäologische Informationen 20/2, Bonn 1997, 249-252.

Leineweber 1997c

dies., Kaiserzeitliche Hausmodelle nach Befunden aus dem Altmarkkreis Salzwedel. Experimentelle Archäologie, Bilanz 1995, Archäologische Mitteilungen aus Nordwestdeutschland, Beiheft 18, Oldenburg 1997, 53-66.

Leineweber 1998

dies., Haus- und Siedlungsbefunde der römischen Kaiserzeit in der Altmark. Achim Leube (Hrsg.), Haus und Hof im östlichen Germanien. Tagung Berlin vom 4.-8. Oktober 1994, Universitätsforschungen zur prähistorischen Archäologie 50, Bonn 1998, 85-92.

Leineweber 2000a

dies., Hausrekonstruktionen in der Langobardenwerkstatt Zethlingen. Altmarkblätter, 11. Jg., 2000, 49-54, 63-64.

Leineweber 2000b

dies., Römer und Germanen - Kontakte und Konflikte. Siegfried Fröhlich (Hrsg.), Gold für die Ewigkeit - Das germanische Fürstengrab von Gommern, Begleitband zur Sonderausstellung im Landesmuseum für Vorgeschichte, Halle (Saale) 2000, 82-93.

Leineweber 2000c

dies., Langobarden in der Altmark? - Archäologische Forschungen zu den ersten nachchristlichen Jahrhunderten. Geschichte und Gegenwart der westlichen Altmark. Beiträge zur Regional- und Landeskultur Sachsen-Anhalts, Heft 16, Halle (Saale) 2000, 6-21.

Leineweber 2001a

dies., Hausmodelle in der Langobardenwerkstatt Zethlingen (Teil 2) - Ende eines Langzeitversuchs. Experimentelle Archäologie, Bilanz 2000, Archäologische Mitteilungen aus Nordwestdeutschland, Beiheft 37, Oldenburg 2001, 71-80.

Leineweber 2001b

dies., Experimente in Zethlingen. Archäologische Berichte Sachsen-Anhalt 1999/II, Halle (Saale) 1999 (2001), 53-94.

Leineweber 2002a

dies., Die Toten von Zethlingen. Ausgrabungen auf dem Friedhof der 2.-4. Jh. n. Chr. von Zethlingen, Altmarkkreis Salzwedel. Hartmut Bock (Hrsg.), Hünengräber Friedhöfe Gräberfelder. Beiträge zur Kulturgeschichte der Altmark 7, Archäologie in der Altmark, Bd. 1 Altsteinzeit bis Frühmittelalter, Oschersleben 2002, 174-178.

Leineweber 2002b

dies., Es saßen die alten Germanen … Die Altmark während der ersten nachchristlichen Jahrhunderte. H. Bock (Hrsg.), Hünengräber Friedhöfe Gräberfelder. Beiträge zur Kulturgeschichte der Altmark 7, Archäologie in der Altmark, Bd. 1, Altsteinzeit bis Frühmittelalter, Oschersleben 2002, 152-164.

Leineweber 2002c

dies., Beute oder Handelsgut? Römische Funde aus der Altmark. H. Bock (Hrsg.), Hünengräber Friedhöfe Gräberfelder. Beiträge zur Kulturgeschichte der Altmark 7, Archäologie in der Altmark, Bd. 1, Altsteinzeit bis Frühmittelalter, Oschersleben 2002, 187-190.

Leineweber 2002d

dies., Das "Zentrum für Experimentelle Archäologie und Museumspädagogik" des Landesamtes für Archäologie Sachsen-Anhalt in Mansfeld, Ldkr. Mansfelder Land (Südharz). Archäologisches Nachrichtenblatt Bd. 7, Berlin 2002, 295-300.

Leineweber 2003

dies., Brandneu. Verbrennung auf dem Scheiterhaufen – oder – Studie über branddeformierte Beigaben aus Brandgräbern der römischen Kaiserzeit Innergermaniens. Experimentelle Archäologie in Europa, Bilanz 2002, Heft 1, Oldenburg 2003, 159-171.

Leineweber 2007

dies., Neue Sicht auf alte Gräber. Brandbestattung und Gräberfeldanalyse. Stefan Burmeister/ Heidrun Derks/ Jasper v. Richthofen (Hrsg.), zweiundvierzig. Festschrift f. Michael Gebühr zum 65. Geburtstag, Studia honoraria 25, Rahden 2007, 39-46.

Leineweber 2010

dies., Des Fürsten neue Kleider. Zur (Re-)Konstruktion der Bekleidung des Toten. Matthias Becker, Das Fürstengrab von Gommern. Halle (Saale) 2010, 325-329.

Leineweber 2011

dies., Probieren geht über Studieren? Seminare und Praktika in archäologischen Freilichtanlagen. Experimentelle Archäologie in Europa, Bilanz 2011, Oldenburg 2011, 34-42.

Leineweber 2018

dies., Dörfer, Schmiede und das Jenseits. Zethlinger Ausgrabungen als Fenster in eine ferne Zeit. Altmarkblätter 29. Jg., 2018, Nummern 36, 40, 41, 49, 52/53.

Leineweber, in Vorbereitung

dies., Zethlingen – ein Brandgräberfeld der spätrömischen Kaiserzeit aus der Altmark. Die Ausgrabungen der Jahre 1978-2001. Katalog (2 Bände), Halle (Saale).

Leineweber/Döhle 2000

Rosemarie Leineweber und Hans-Jürgen Döhle, Wie sie lebten – Siedlungsweise und Wirtschaftsformen. Siegfried Fröhlich (Hrsg.), Gold für die Ewigkeit - Das germanische Fürstengrab von Gommern, Begleitband zur Sonderausstellung im Landesmuseum für Vorgeschichte, Halle (Saale) 2000, 40-57.

Leineweber/Kirsch 1982

Rosemarie Leineweber und Friedemann Kirsch, Eisenverhüttungsöfen von Zethlingen, Kr. Kalbe/M. Ausgrabungen u. Funde 27, Berlin 1982, 180-182.

Leineweber/Kirsch 1989

dies., Ein römerzeitlicher Werkstattkomplex zur örtlichen Eisengewinnung von Zethlingen, Kr. Salzwedel. Ausgrabungen und Funde 34, Berlin 1989, 180-186.

Leineweber/Lychatz 1998

Rosemarie Leineweber und Bernd Lychatz, Versuche im Rennofen – eine Bilanz. Jahresschrift f. mitteldeutsche Vorgeschichte 80, Halle (Saale) 1998, 263-304.

Leineweber/Lychatz 2013

dies., Vom Eisenerz zur Lanzenspitze. Methodische Erkenntnisse aus 34 Rennofenschmelzen. Experimentelle Archäologie in Europa. Bilanz 2013, Unteruhldingen 2013, 33-42.

Leineweber/Uschmann 2000

Rosemarie Leineweber und Kai-Uwe Uschmann, Experimentelle Branntkalkerzeugung in einem germanischen Grubenofen als Pilotversuch. Jahresschrift f. mitteldeutsche Vorgeschichte 83, Halle (Saale) 2000, 125-140.

Leineweber/Willerding 2000

Rosemarie Leineweber und Ulrich Willerding, Ein kaiserzeitlicher Kastenbrunnen aus Klötze, Altmarkkreis Salzwedel: archäologische und paläoethnobotanische Befunde. Jahresschrift f. mitteldeutsche Vorgeschichte 83, Halle (Saale) 2000, 141-189.

Leube 1989

Achim Leube, Kultische Handlungen auf Siedlungen der römischen Kaiserzeit im Gebiet zwischen Elbe und Oder. Religion und Kult, Berlin 1989, 283-287.

Lund Hansen 1987

Ulla Lund Hansen, Römischer Import im Norden. Warenaustausch zwischen dem Römischen Reich und dem freien Germanien während der Kaiserzeit unter besonderer Berücksichtigung Nordeuropas, Kopenhagen 1987.

Lund Hansen 1994

dies., Zum Verhältnis von zivilem und militärischem Import in der römischen Kaiserzeit. Claus v. Carnap-Bornheim (Hrsg.), Beiträge zu römischer und germanischer Bewaffnung in den ersten vier nachchristlichen Jahrhunderten, Marburg 1994, 189-206.

Menghin 1985

Wilfried Menghin. Die Langobarden. Archäologie und Geschichte. Stuttgart 1985.

Mittag 1992

Lothar Mittag, Ausgrabung auf einem Siedlungsplatz der spätrömischen Kaiserzeit in Zethlingen, Landkreis Salzwedel. Ungedruckte Abschlussarbeit an der HTW Berlin, Berlin 1992.

Müller 1979

Christian Müller, Ergebnisse der anthropologischen Untersuchung der Leichenbrände aus dem kaiserzeitlichen Gräberfeld von Zethlingen, Kr. Kalbe/M. Zeitschrift f. Archäologie 13, 1979, 265-278.

Müller-Wille 1977

Michael Müller-Wille, Der frühmittelalterliche Schmied im Spiegel skandinavischer Grabfunde. Frühmittelalterliche Studien 11, 1977, 127-201.

Müller-Wille 1999

ders., Opferkulte der Germanen und Slawen, Stuttgart 1999.

Nuglisch 1961

Klaus Nuglisch, Neue Funde vom kaiserzeitlichen Gräberfeld Zethlingen, Kr. Kalbe a. d. M. Ausgrabungen und Funde 6, Berlin 1961, 30-33.

Pleiner 1965

Radomir Pleiner, Die Eisenverhüttung in der Germania Magna zur römischen Kaiserzeit. 45. Bericht d. Römisch-Germanischen Kommission, 1965, 11-86.

Prilloff 1994

Ralf-Jürgen Prilloff, Tierknochen aus einer Siedlung der späten Römischen Kaiserzeit von Zethlingen, Kr. Salzwedel, Ausgrabungen und Funde 39, Berlin 1994, 43-47.

Rohrlach 2018

Peter P. Rohrlach, Historisches Ortslexikon für die Altmark, 2 Bände, Berlin 2018.

van der Sanden 1996

Wijnard van der Sanden, Mumien aus dem Moor. Die vor- und frühgeschichtlichen Moorleichen aus Nordwesteuropa, Assen 1996.

Schafberg 2000
Renate Schafberg, Skelettreste als Informationsträger. Siegfried Fröhlich (Hrsg.), Gold für die Ewigkeit - Das germanische Fürstengrab von Gommern, Begleitband zur Sonderausstellung im Landesmuseum für Vorgeschichte, Halle (Saale) 2000, 74-77.

Schlabow 1976
Karl Schlabow, Textilfunde der Eisenzeit in Norddeutschland, Neumünster 1976.

v. Schnurbein 1994
Siegmar von Schnurbein, Römische Handwerker in der Germania Magna – Diskussionsbeitrag. Claus v. Carnap-Bornheim (Hrsg.), Beiträge zu römischer und germanischer Bewaffnung in den ersten vier nachchristlichen Jahrhunderten, Marburg 1994, 177-178.

v. Schnurbein/Erdrich 1992
Siegmar von Schnurbein und Michael Erdrich, Vortrag zur Jahressitzung 1992 der Römisch-Germanischen Kommission. Das Projekt: Römische Funde im mitteleuropäischen Barbaricum, dargestellt am Beispiel von Niedersachsen. Bericht der Römisch-Germanischen Kommission 73, Mainz 1992, 5-27.

Schulz 1932
Walther Schulz, Die Langobarden als Wodanverehrer. Mannus 24, 1931, 215-231.

Schultze 1955
Joachim Schultze, Die Naturbedingten Landschaften der Deutschen Demokratischen Republik, Gotha 1955.

Seyer 1983
Rosemarie Seyer, Kult und Ideologie. Die Germanen, Band 2, Berlin 1983, 248-263.

Simek 1984
Rudolf Simek, Lexikon der germanischen Mythologie, Stuttgart 1984.

Spantig 1982
Siegfried Spantig, Spatenforschung auf dem Mühlenberg bei Zethlingen. Altmärkischer Heimatkalender, 11. Jg., Salzwedel 1982, 34-37.

Thomas 1967
Sigrid Thomas, Die germanischen Scheibenfibeln der Römischen Kaiserzeit im freien Germanien. Berliner Jahrbuch f. Vor- u. Frühgeschichte 7, 1967, 1-187.

Voß 1994

Hans-Ulrich Voß, Römische Waffen in Mecklenburg-Vorpommern – Bilanz der Materialaufnahme für das „Corpus römischer Funde". Claus v. Carnap-Bornheim (Hrsg.), Beiträge zu römischer und germanischer Bewaffnung in den ersten vier nachchristlichen Jahrhunderten, Marburg 1994, 261-270.

Wahl 1981
Joachim Wahl, Beobachtungen zur Verbrennung menschlicher Leichname. Archäologisches Korrespondenzblatt 11, 1981, 271-279.

Wahl 1994
ders., Zur Ansprache und Definition von Sonderbestattungen. Forschungen und Berichte zur Vor- und Frühgeschichte in Baden-Württemberg 53, 1994, 85-106.

Willerding 1977
Ulrich Willerding, Über Klima-Entwicklung und Vegetationsverhältnisse im Zeitraum Eisenzeit bis Mittelalter. Abhandlungen der Akademie der Wissenschaften. Göttingen, Philosophisch-Historische Klasse, 3. Folge, Göttingen 1977, 357-405.

Willerding 1989
ders., Relikte alter Landnutzungsformen. Naturwissenschaftliche und historische Beiträge zur ökologischen Grundbildung, Göttingen 1989, 207-224.

Willerding 1992
ders., Klima und Vegetation der Germania nach vegetationsgeschichtlichen und paläoethnobotanischen Quellen. Beiträge zum Verständnis der Germania des Tacitus, Teil II, Göttingen 1992, 332-372.

Worbs 1979
Rosemarie Worbs, Zethlingen - ein Brandgräberfeld der spätrömischen Kaiserzeit aus der Altmark. Wissenschaftliche Beiträge der Martin-Luther-Universität Halle-Wittenberg 1979/12 (L 14) Halle (Saale).

Worbs/Leineweber 1981
Rosemarie Worbs und Bernd Leineweber, Siedlungsfunde der römischen Kaiserzeit von Zethlingen, Kr. Kalbe/M. Vorbericht. Ausgrabungen u. Funde 26, Berlin 1981, 185-188.

Abbildungsnachweis

1, 12 b, 13, 15, 16, 28a, 29, 32, 45, 46, 54, 55, 61, 75, 76, 86, 94 - Fotos: ©
Rosemarie Leineweber.
2, 14, 20, 26, 38 (Montage), 98 - Grafik © Rosemarie Leineweber.
3 - Repro Peter Fischer (†), Salzwedel.
4 - Archiv Henning Krüger, Kalbe.
5 - Fotoarchiv Johann-Friedrich-Danneil-Museum.
6 - Repro Rosemarie Leineweber.
7 - aus Altmärkisches Museum Stendal 1888-1988, Taf. 5 oben.
8, 10 - Aufnahme privat.
9 - Foto: © Alois Keppler (†), Stendal.
11 a - © Landesamt für Denkmalpflege und Archäologie Sachsen-Anhalt.
12 a - Foto: © Heribert Stahlhofen (†), Halle (Saale).
17 a - Foto: © Christa Nuglisch, ehem. MLU Halle (Saale).
18 a, 25, 29, 31, 34, 35, 47, 50, 59, 63, 69, 70, 77, 78, 83-85, 87, 88, 91, 92 -
Fotos: © Rosemarie Worbs, Stendal.
18 b, 28 b, 43, 49, 51, 52, 57, 62, 74, 81 b, 93 - © Landesamt für Denkmalpflege
und Archäologie Sachsen-Anhalt, Erika Hunold.
19 – Grafik: Entwurf Rosemarie Leineweber, grafische Umsetzung © Landesamt
für Denkmalpflege und Archäologie Sachsen-Anhalt, Mario Wiegmann.
22, 73, 89 - © Landesamt für Denkmalpflege und Archäologie Sachsen-Anhalt,
Kornelia Dhimertika.
23, 58 – Foto: © Bernd Leineweber, Salzwedel.
24 - Grafik: Planum © Rosemarie Worbs/ Profile © Bernd Leineweber, Salzwedel.
27 – Grafik aus Döhle/Leineweber 2000, 47.
33 - Grafik aus Leineweber 1997, Taf. 13.5.
34, 48, 68 – Grafik: © Landesamt für Denkmalpflege und Archäologie Sachsen-
Anhalt, Cornelia Gembalski.
36 – Foto: © Landesamt für Denkmalpflege und Archäologie Sachsen-Anhalt,
Rosemarie Leineweber.
37 - Grafik aus Leineweber/ Willerding 2000, 106, Abb. 6.
17 b, 39, 41, 72 - Grafik aus Worbs 1979, T. 38.E254; T. 34.371; T. 35.477; T.
17.422.
40 – Grafik: © Annette Otto, Hohenlangenbeck.
42, 71 - Grafik aus Leineweber 1990, Abb. 8c, 8n.
44, 80, 81, 82 - Foto: © Landesamt für Denkmalpflege und Archäologie Sachsen-
Anhalt, Andrea Hörentrup.
53 - Grafik: © Friedemann Kirsch, Arneburg.
56 – Grafik: © Bernd Lychatz, TU Freiberg.

60 a - Grafik aus Corpus 2006, Taf. 58.4.
64, 67 - Foto: © Margret Hammann, ehem. ZIAGA der Akademie der Wissenschaften Berlin.
65, 66 – Grafik aus Kuchenbuch 1938, T. 4.11; T. 31.12.
79 - Foto: © Landesamt für Denkmalpflege und Archäologie Sachsen-Anhalt, Heiko Breuer.
90 - Grafik aus Leineweber 2000 b, 90.
21, 95 - Grafik: © Johann-Friedrich-Danneil-Museum, Thomas Lehn.
96 – Grafik nach Capelle 1937, 336.
97 – Grafik aus Herrmann 1990, Innenklappe (Ausschnitt).
99 – Grafik aus Menghin 1985, Innenklappe (Ausschnitt).
100 – Grafik: © Otto Mewes, Kleinau.
101 - Thomas Lehn, Bernd + Rosemarie Leineweber.
102 – Foto: © Peter Fischer (†), Salzwedel.
Umschlag: © Tobias Gembalski, Halle (Saale).
Titel: Gefäßzeichnung aus Worbs 1979, T. 5.336; alle übrigen © R. Worbs / R. Leineweber.
Rücktitel: Zethlinger Fibel © Ch. Nuglisch, ehem. MLU Halle (Saale); R. Worbs / R. Leineweber; Foto Autorin: Erika Liebetrau, Ruhla.

Anmerkungen

---

[1] Bezeichnung der Römer für das unbesetzte Germanien

[2] Zethlingen, ursprünglich Kreis Salzwedel, 1952-1988 im Kreis Kalbe/M., 1988 wieder Kreis Salzwedel, nach der Gebietsreform 1994 Altmarkkreis Salzwedel und seit 2011 Ortsteil der Stadt Kalbe (Milde).

[3] CDB A XVII 58, Nr. XXXV: Agnes, Herzogin von Braunschweig belehnt Albrecht v. Alvensleben mit der Bede aus den Dörfern Kalehne, Velgow und Zethling, den 27. Januar 1324.

[4] Unter dem Titel „Dörfer, Schmiede und das Jenseits" erschein eine wesentlich kürzere Fassung in den Altmarkblättern, der Wochenendbeilage der Altmarkzeitung 2018 in einzelnen Abschnitten.

[5] die äußere Gestalt betreffend

[6] Schultze 1955, 173

[7] von eiszeitlichen Gletschern transportierte und in Moränen abgelagerte Gesteinsbrocken

[8] hier: in unterschiedlicher Tiefe angelegte ebene Ausgrabungsflächen

[9] die Bezeichnung der Regierungszeit römischer Kaiser wurde für das römisch beeinflusste „barbarische" Germanien übernommen

[10] auch Emanuel Borgenrit; 1740-1792 Pfarrer in Zethlingen (Czubatynski 2000, 105, 127).

[11] Geheimes Staatsarchiv Preußischer Kulturbesitz (Berlin-Dahlem), GST. APK Rep. 92 NL Bekmann V A Nr. 4, S. 95 – Antwortschreiben der Pastoren zu Anfragen von B. L. Bekmann für die „Historische Beschreibung der Chur und Mark Brandenburg" Berlin 1751, ausgewählt von Hartmut Bock, Jübar. Bock 2016, 552

[12] Rohrlach 2018, 2531

[13] Danneil 1836

[14] 1885-1899 Pfarrer in Zethlingen; Czubatynski 2000, 105, 263.

[15] diese Kirchenbuchauszüge verdanke ich L. Mittag, Johann-Friedrich-Danneil-Museum Salzwedel.

[16] einstige Amtsbezeichnung einer Lehrkraft in höherem Schuldienst, insbes. in Gymnasien

[17] auf einem Foto, das die Mitglieder des Altmärkischen Vereins für vaterländische Geschichte bei der Ausgrabung um 1900 auf dem Zethlinger Mühlenberg zeigt (Leineweber 1997, 17, Abb. 3), sind die Besucher umseitig genannt: „stehend: Apothekenbesitzer Konrad Zechlin, Buchhändler Otto Horn (Buch-Horn), Gastwirt Kaufmann Karl Grabenstein, Prof. Dr. Grabenstein (Brüder), Bürgermeister Dr. Karsten, Kreissekretär Ernst Lohse, Dr. med. Friedrich Hoffmann, Kaufmann Wilhelm Schubbert, Kaufmann Julius Hentrich, Kaufmann Louis Merkel, Brauereibesitzer Albert Wande, Zahnarzt Gustav Schramm; sitzend: Oberlehrer Leonhard Looff, Kaufmann Louis Menzendorf, Kaufmann Fritz Dahlgrein, Agent Wilhelm Schmidt Hohe Bude, Städtischer Oberlehrer Karl Klitsch, Tuchkaufmann Horn (Tuch-Horn, 3 Brüder), Seifensieder Karl Keitel".

[18] Vorgänger der Staatlichen Museen zu Berlin Preußischer Kulturbesitz

[19] Worbs 1979, 87, 88, 93

[20] Spantig 1982; Worbs 1979, 9f.

[21] Kupka 1910, 28-33. Fibeln = schmückender Kleidungsverschluss, den Broschen ähnlich

[22] germanischer Volksstamm, einst Winniler, kamen von Skandinavien (Schonen) über Mecklenburg an die Unterelbe

[23] geschulte, ehrenamtliche Mitarbeiter des Landesmuseums für Vorgeschichte, heute ehrenamtliche Beauftragte des LDA.

[24] Nuglisch 1961

[25] in Abstimmung mit den Direktoren des Landesmuseums für Vorgeschichte Halle (Saale), zuerst Dr. Hermann Behrens (†), ab 1980 Dr. Dieter Kaufmann, ab 1993 im LDA mit dem Landesarchäologen Dr. Siegfried Fröhlich (†), dem Bezirksbodendenkmalpfleger Johannes Schneider (†) und den regionalen Museumsleitern Joachim Kohlmann (†), Stendal, und besonders Peter Fischer (†) sowie Ulrich Kalmbach, Salzwedel.

[26] D. Agethen (†), Stendal, U. Frommhagen, Seethen, M. Heiser, Dankensen, R. Heller, Waddekath, D. Hermann, Hohenwulsch, D. Jörke, Quedlinburg, R. Kersten, Beesewege, F. Kirsch, Beelitz, U. Körner, Waddekath, B. Leineweber, Salzwedel, D. Ludwig (†), Stendal, U. Mühler, Magdeburg, D. Schonschek, Seehausen, H. Wenzel (†), Seehausen, D. Schulz, Salzwedel, S. Spantig, Hagenow, E. Wujciak, Salzwedel, sowie A. Duhm, Wustrewe, Dr. E. Frey, Samswegen, T. Griesbach, Magdeburg, V. Held, Magdeburg, B. Leineweber, Klötze, S. Papst, Berlin, J. Radloff (†), Beelitz, E. und B. Wittig, Stendal, als interessierte Helfer, ferner R. Kretschmar und G. Hoffmann (ABM).

[27] Leineweber 1997 b; Arbeitsgemeinschaften des Altmärkischen Museums Stendal, des Johann-Friedrich-Danneil-Museums Salzwedel, aus Halle-Neustadt mit Heribert Stahlhofen (†) und der J.-Gagarin-Oberschule Magdeburg mit Renate Simoneit, sowie Günter Huth, als Kreisfachberater Geschichte für die Klassen 5 und 6, Stendal.

[28] aus Schulen: POS Thomas Müntzer in Badel, aus Havelberg mit Gerald Christopeit, der Danneil-Oberschule Kalbe/M. und aus Salzwedel mit Andrea Niepel.

[29] Frey/ Leineweber 2009; Leineweber 1985; 1997 b; 1989 c.

[30] heute sind die Ost- und Süd- und Südwestseite abgebaggert, der Südosten abgetragen und bebaut sowie die Südwest-, West- und Nordseite durch jahrzehntelange moderne Beackerung tiefgründig gestört.

[31] Worbs/Leineweber 1981

[32] gemessen werden lokale magnetische Anomalien des natürlichen Erdmagnetfelds, hervorgerufen durch archäologische Strukturen im gewachsenen Boden, Materialien mit ferromagnetischen Eigenschaften (z. B. Schlacke, Eisen) oder durch auf über 500 °C erwärmte, anschließend abgekühlte Stoffe (z. B. Keramik, gebrannter Lehm/ gebrannte Steine)

[33] Leineweber 1989a; 1989b; 1991; 1997a, 37-39, 336-339; Leineweber/Kirsch 1982; 1989.

[34] Bringfriede Illmer (Stendal) sowie Roland Bannat, Lothar Mittag und Karin Schulz (Salzwedel)

[35] Anthropologie = Lehre vom Menschen; Archäobotanik = Untersuchungen zur Vegetations- und Agrargeschichte mit Hilfe von Funden pflanzlichen Ursprungs; Archäozoologie = Untersuchung zoologischer Hinterlassenschaften aus archäologischen Grabungen

[36] z. B. zu den Siedlungsgrabungen in Kakerbeck, Klötze, Wallstawe, alle Altmarkkreis Salzwedel

[37] Die Analysen von 490 Leichenbränden (Alter, Geschlecht, medizinischer Befund) nahmen Dr. C. Müller (†), ehem. ZIAGA der Akademie der Wissenschaften der DDR, Berlin, Dr. B. Heußner, Petershagen, Dr. H. Bruchhaus und Dr. J. Holtfreter, ehem. Institut für Anthropologie und Humangenetik der Friedrich-Schiller-Universität Jena, sowie Dr. R. Schafberg, ehem. Landesamt für Denkmalpflege und Archäologie Sachsen-Anhalt (LDA), vor.

Untersuchungen an Metallfunden erfolgten im Rahmen des von VW geförderten Projektes „Archäometallurgie" durch Dr. H.-U. Voß, Dr. P. Hammer sowie Diplomrestaurator U. Sieblist, Questenberg, Dr. M. Füting, Frauenhofer-Institut Halle (Saale) und am ehem. Labor für Mikrodiagnostik des Max-Planck-Instituts in Halle (Saale).

Textilabdrücke unterschiedlicher Gewebe auf Urnenharz, einer Substanz aus Birkenpech, die in den Grabgefäßen zu finden ist, analysierten Diplomtextilgestalterin A. Otto, Hohenlangenbeck, und Dr. A. Rast-Eicher, Ennenda (Schweiz) sowie einen Fadenrest G. Thomann, Thüringisches Landesamt für Denkmalpflege und Archäologie Weimar.

Die Bestimmung der Tierknochen übernahmen Dr. H.-J. Döhle, LDA, und Dr. R.-J. Prilloff, Wolmirstedt, die vegetabiler Abdrücke Dr. M. Hellmund, LDA.

Dr. D. Horstmann (†), Erkrath, und Dr.-Ing. M. Fennert, ehem. TU Bergakademie Freiberg, fertigten die Analysen der Rennfeuerschlacken an.

[38] s. dazu u. a. Abschnitte „Unter Dach und Fach", „Vom Haushandwerk", „Wieland der Schmied und seine Helfer" sowie „Scheiterhaufenexperimente"

[39] Kämpfe germanischer und sarmatischer Stämme (iranische Reitervölker) unter Führung der Markomannen gegen das römische Heer unter Kaiser Marc Aurel an der mittleren Donau. Gruppen des sarmatischen Stammesverbands hatten vom Gebiet nördlich des Schwarzen Meeres aus bereits den Donauraum erreicht.

[40] regierte von 161-180 n. Chr.

[41] Elbgermanen = beiderseits des Flusslaufs siedelnde germanische Stämme

[42] Lange 1971, 29-32, 300; Willerding 1977, S. 357-62; 1989, 208f.; 1992, 343, 349

[43] Willerding 1992, 341

[44] Herrn R. Schneider (†), damals Staatliches Museum für Naturkunde und Vorgeschichte Oldenburg, unterstützte dankenswerter Weise diese Untersuchungen.

[45] zwischen einem Sporn östlich Cheinitz und der Flur Brüchau, zwischen dem Zethlinger Mühlenberg und der Flur Kakerbeck, zwischen Zethlingen und der Flur Wustrewe im heutigen Straßenverlauf zeigten sich die kürzesten Verbindungen zwischen Geländezungen.

[46] die untersuchte Serie entstammt einem größeren, zum damaligen Zeitpunkt untersuchten Bereich des Friedhofs; ob es mglw. ein damit nicht erfasstes Areal für Kinder in einem anderen Teil des Friedhofs gab, ist nicht bekannt

[47] Wahl 1994, 104

[48] krankhafte Veränderung an den Wirbelkörpern und Bandscheiben sowie Gelenkentzündungen

[49] Müller 1979 und Analyse B. Heußner 1992; Leineweber 1997 a, 91-93, 177; 2002 a; Schafberg 2000; Gebühr 1989, 100f., Abb. 19.

[50] zu Gebäuderekonstruktionen s. Leineweber 1997c; 2000 a; 2001 a und 2001 b, 58-67.

[51] zusammenfassend dazu Leineweber 1998

[52] vgl. Worbs/Leineweber 1981; Leineweber 1986, bes. Abb. 2; 1990.

[53] Mittag 1992

[54] Schwungscheibe einer Handspindel

[55] Leineweber 1997 a, 111; Leineweber/Döhle 2000

[56] klimatisch bedingte zunehmende Vernässung des Niederungsbereichs der Flussläufe mit Herausbildung von unwegsamen (teilweise noch heute vorhandenen) Sumpfgebieten entlang der Auen von Ohre, Milde, Biese, Aland und Elbe.

[57] Prilloff 1994; da die Ergebnisse auf einer relativ geringen Materialmenge basieren, ist ggf. der Fehler der kleinen Zahl zu berücksichtigen.

[58] Leineweber/Döhle 2000, 46f.

[59] Prilloff 1994

[60] Leineweber in Vorb.

[61] Krevese, OT. von Osterburg, Lkr. Stendal, Krieg 1985

[62] zur Technologie Leineweber 1995 a; 2001 b, 70-73.

[63] s. zu den Keramikbrennversuchen im Grubenbrennofen u. a. Leineweber 2001 b, 70-73; 2002 d, 298f.; 2011, 38.

[64] Gaedtke-Eckardt 1992

[65] in mehreren niedersächsischen Mooren gefunden, z.B. Obenaltendorf, Lkr. Cuxhaven, Reepsholt, Lkr. Wittmund

[66] Eintopfverfahren in Trichtergruben (freundliche Mitteilung von Herrn D. Totenhaupt, Berlin), Doppeltopfverfahren oder einfache Destillation

[67] Leineweber 1997a, 35f.; 2001 b, 73-76; Leineweber/Uschmann 2000.

[68] s. a. Leineweber 2001 b, 76f.

[69] Das untersuchte Knochenmaterial stellt einen Ausschnitt dar und kann nur Tendenzen aufzeigen.

[70] Leineweber 1997a, 111; Leineweber/Willerding 2000, 172-175; Leineweber/Döhle 2000, Tab. S. 44

[71] Tacitus, Germania, Kap. 22,1; 23

[72] Hegewisch 2003, 44-49; war das Gefäß abgedeckt, konnten die Gase während der Gärung durch den Röhrenhenkel entweichen

[73] Schlabow 1976; Bender Jørgensen 1988; van der Sanden 1996; Leineweber 2010

[74] Ausrichten der Wollfasern vor dem Verspinnen

[75] Reinigen und Ausrichten der Flachsfasern

[76] den bekannten Techniken wie Stricken, Häkeln, Filet etc. zur Seite zu stellen; s. a. Leineweber 2001 b, 78-80.

[77] aus Provinzen des römischen Imperiums

[78] z.B. bei der Herstellung von Fibeln (Eisen mit Bronze, Bronze mit Silber usw.) oder der Bronzeplattierung von Eisengegenständen.

[79] Leges langobardorum 643; Paulus Diaconus, HISTORIA LANGOBARDORUM, 787 - 789

[80] Leineweber 1997 a, 112

[81] Befestigung kleiner Metallkügelchen (Granalien) in ornamentaler Anordnung durch metallische Bindung auf Metalloberflächen

[82] Einsetzen von Einlagen aus Bunt- und Edelmetall

[83] Aufbringen von Goldamalgam (hergestellt aus Quecksilber und Gold) auf unedlere Metalle (Bronze, Silber) mit anschließender Erhitzung zur Verdampfen des Quecksilbers

[84] Plattieren: Aufbringen einer Metallschicht, meist Edelmetall, auf ein anderes Metall durch Ummanteln, Löten usw.

[85] Leineweber 1989a, Leineweber/Kirsch 1989 und unveröffentlicht

[86] ausführlich dazu Leineweber 1991, 121; 1993 a, 30 mit Abb. S. 31 oben

[87] Leineweber 1991, 120f.; 1993b, s. dort auch zur Konstruktion der Öfen; In Zusammenarbeit mit der TU Bergakademie Freiberg wurden 34 Versuchsschmelzen nach dem im spätrömischen Germanien üblichen Rennverfahren durchgeführt.

[88] Müller 1979, 270

[89] vgl. Hingst 1983

[90] auch Moorerz genannt, bildet sich über lange Zeiträume in saurem, feuchten Milieu mit Einschlüssen von Pflanzenresten, Sand oder Ton in Mooren am Rand von Urstromtälern oder anderen Gewässern

[91] Evenstadt 1801 (1991); Ernst 1966; nach Analyse rezenter, anstehender Raseneisenerze enthalten diese 35% Eisen/32% Quarzsand (Dr. Ing. B. Lychatz, TU Bergakademie Freiberg)

[92] ausführlich s. bei Ernst 1966, 39-49, Leineweber 1993a, 28f.; Pleiner 1965

[93] Wüstit: Bezeichnung für ein Eisenoxid, das üblicherweise als FeO gekennzeichnet ist, aber korrekterweise $Fe_{1-x}O$ heißen müsste;

Gangart: Erzbegleitmineral oder -gestein;

fayalithische Schlacke: Eisensilikat ($2FeO*SiO_2$) als Hauptbestandteil der Schlacken aus dem Rennofenprozess

[94] Al_2O_3, MnO, P_2O_5, K_2O, MgO und CaO

[95] zu den Befunden s. Leineweber 1989 a, zum Verfahren und zu Experimenten s. Leineweber/Lychatz 1998; 2013; mangels Funden konnte kein kaiserzeitliches Erz analysiert werden. Rückschlüsse von rezenten (Lagerstelle Neuendorf, Altmarkkreis Salzwedel) auf historische Chargen sind mit gebotener Vorsicht zu behandeln.

[96] Leineweber/Lychatz 1998, 291-295; 2013, 38-40; die Schmiedearbeiten fertigte Thijs van de Mannaker, Kunst- und Experimentalschmied aus Helenaveen (NL), an.

[97] der leider nicht auf Schlagspuren hin untersucht wurde

[98] Pleiner 1965, 73, Leineweber 1993 a, 31

[99] Für diese Angabe danke ich Herrn Dr. M. Altermann, Halle (Saale), vielmals; Das Stahlwerk bei Tangerhütte verarbeitete stark phosphorhaltiges Erz, das für den Rennprozess aufgrund der Sprödigkeit des Eisens ungeeignet war.

[100] Ergebnisse der Versuchsschmelzen 1993 - unveröffentlicht

[101] zum historischen Hintergrund Leineweber 2000 b, 82f.

[102] Erdrich 1996, 37

[103] Laser 1976, 271-274

[104] Laser 1998, 35

[105] Leineweber 1997 a, 135f.

[106] Ostteil der römischen Provinz Gallien

[107] Leineweber 2002 b, 189f.

[108] Eggers 1951

[109] einen bestimmten Zweck verfolgende Unterstützungsleistungen
[110] v. Schnurbein/Erdrich 1992, 8.
[111] Lund Hansen 1987, 220
[112] Becker/ Leineweber 2006
[113] zusammenfassend in Laser/ Leineweber 1991; Corpus 2006, 84-87
[114] erhabenes Relief, hier auf Glas
[115] Kaczanowski 1994, 207, 220
[116] v. Schnurbein 1994
[117] Eggers 1951
[118] Keramik aus rotem Ton mit figürlichen Verzierungen und Fabrikstempel
[119] Dušek 1989, 193 f.
[120] Weitergabe von wissenschaftlichen und technischen Kenntnissen und Verfahren
[121] aus Ynglinga saga Kap. 8 nach Schulz 1932, 221; nach Simek 1984, 454-456, in der germanischen Mythologie Walhall = Halle der Gefallenen
[122] Seyer 1983, 246
[123] Edda, Skalden des 10. Jh.; Seyer 1983, 230; Edda, Gylf 48 und Skaldendichtung (= Skaldsk) 7 (nach Simek 1984, 147f.)
[124] Thomas 1967, 65f.; Seyer 1983, 263
[125] mehrmals Knochenkamm bzw. Knochennadel, aber auch Urnenharz mit Zahnabdruck, Eisennadel, Knochenhülse/Nadelbüchse; aufgrund der Untersuchung einer Leichenbrandserie kann hier nur eine willkürliche Auswahl getroffen werden, die allerdings nicht repräsentativ sein muss.
[126] Laser 1998, 58
[127] Leineweber 2002b, 160f.
[128] Sonnensymbole, konzentrische Kreise, Radkreuze, Lebensbaum, erhobene Hände usw.; Eimer- und Kapsel- bzw. gebundene Anhänger
[129] Opfermoor Niederdorla in Thüringen, Niedersächsische und norddeutsche Moore usw. Herrmann 1989, 174-176; Fansa 1999; Müller-Wille 1999
[130] Worbs 1979, 14; Leineweber 1997, 22; Becker u. a. 2005, 158 f.
[131] Becker u. a. 2005, 77-80
[132] Becker u. a. 2003
[133] Leineweber 2003
[134] Becker u. a. 2005
[135] Leineweber 2003, 164
[136] Becker u. a. 2005, 151-156.
[137] nach Wahl 1981 gibt es 5 Verbrennungsstufen mit optisch erkennbaren und farblichen Veränderungen des Knochenmaterials innerhalb bekannter Temperaturfelder
[138] Becker u. a. 138-147, 131-135.
[139] Müller 1979, 267
[140] Verbrennungsgrade mit entsprechenden Temperaturfeldern nach Wahl 1981
[141] schwammartiges Innengewebe der Knochen
[142] Müller 1979, 266f., 272; Becker u. a. 2005, 142 f.
[143] Worbs 1979, 14; Leineweber 1991, 166; 1997a, 91

[144] meist aufgenietete Halterung für Griffe oder bewegliche Henkel bei Metall- oder Holzgefäßen

[145] Aufnahme in den Kreis der Erwachsenen

[146] u. a. Voß 1994, 267

[147] Ilkjær et al. 1994, Lund Hansen 1994, Abb. 11/12

[148] Leineweber 1997 a, 112; 1991, 167f.; Hingst 1986; Müller-Wille 1977; Leube 1989, 95.

[149] Fe_2O_3, rostroter Niederschlag in eisenhaltigen Gewässern durch Ausfällung im Kontakt mit Sauerstoff; Eisenocker

[150] Leineweber 1989a; 1991; Nach einem Winter war der vorjährige Standort der Experimental-Verhüttungsöfen nur noch durch die Rotfärbung des vergangenen Lehmmantels zu erkennen, die Herdgrube als solche ebenerdig nicht mehr sichtbar. Daraus ist zu folgern, daß der Standort der ehemaligen Verhüttungsöfen bekannt sein musste, um dort Beisetzungen durchzuführen und beide Vorgänge (Verhüttung und Beisetzung) relativ zeitnah abgelaufen sein müssen (s. Leineweber 1991, 167).

[151] Hingst 1986; Müller-Wille 1977 sowie Beck 1884, 664

[152] ausführlich dargelegt bei Leineweber 2000 c, 13-17., s. a. Tacitus Germania, Kommentar, Herrmann 1990, 238f.

[153] Tacitus, Germania, Kap 40.1 in der Übersetzung „Dagegen den Langobarden verschafft ihre geringe Zahl Ansehen. Obwohl von sehr vielen starken Stämmen umgeben, behaupten sie (nämlich) ihre Sicherheit nicht durch Unterwürfigkeit, sondern durch wagemutige Kämpfe." (Herrmann 1990, 117) .

[154] Leineweber 1995 b; 1996; 2001 b.